男生女生都适用的青春期生存工具包

突围！我的青春期

郄亚威　编　锄豆文化　绘

现代教育出版社
Modern Education Press

图书在版编目（CIP）数据

突围！我的青春期 / 郄亚威编 ； 锄豆文化绘 . 北京 ： 现代教育出版社， 2025. 5. -- ISBN 978-7-5106-9802-6

Ⅰ . G444

中国国家版本馆 CIP 数据核字第 2025S640U9 号

书　　名　突围！我的青春期

编　　者　郄亚威
绘　　者　锄豆文化
选题策划　王海平　徐　琰
责任编辑　王海平
封面设计　王淑聪
出版发行　现代教育出版社　邮编：100120
地　　址　北京市东城区鼓楼外大街26号荣宝大厦3层
电　　话　010-64252230（编辑部）
印　　刷　三河市华骏印务包装有限公司
开　　本　710 mm × 1000 mm　1/16
印　　张　10
字　　数　100千字
版　　次　2025年5月第1版
印　　次　2025年5月第1次印刷
书　　号　ISBN 978-7-5106-9802-6
定　　价　49.80元

目录 CONTENTS

青春期

抽屉上锁的秘密：我的隐私谁来守护？

我有许多小秘密，总觉得父母一不小心就会“闯”进来。于是我开始悄悄锁上抽屉，偷偷删掉手机里的信息……总之，就是不想让父母知道我在做什么。我不是不信任父母，但就是不喜欢他们“越界”。

@ 林子沁 12 岁

每次妈妈找我聊天，我的手机总会“被检查”。我改了密码，她就觉得我在做坏事。太崩溃了！

@ 洛小菲 10 岁

写的日记不想让妈妈看到，怕她唠叨。我把抽屉锁得紧紧的，结果她怀疑我做了不该做的事。

@ 张朵朵 11 岁

有时父母一进我的房间，我就本能地开始收拾东西，其实我根本不知道自己在做什么。

其实，这是你的**闭锁心理**开启了。

闭锁心理
落锁的瞬间是我成长的宣言

闭锁心理是指在青春期我们逐渐变得内敛、含蓄，喜欢独处，不愿意轻易向外界透露自己真实的想法和情感。别担心，这是成长中的正常表现，是对自己内心世界的保护，是青春期的“标配”。

闭锁心理的表现

- **沉默寡言**

  从活泼外向变得不爱交流，遇到问题总是自我纠结，不轻易表露。

- **渴望独立**

  向往独立，想要有自己的秘密和私人空间。

- **态度冷淡**

  对父母和老师的管教产生抵触，觉得自己不被理解。

- **情绪波动**

  经常感到孤寂和烦躁，情绪不稳定。

抽屉为何需要上锁？

1 隐私是独立的堡垒

青春期的隐私就像你的堡垒，守护它会让你感到更独立、更与众不同。你保护隐私，并不是因为不信任父母，而是需要自己的空间来发展个性，找到真正的自己。

2 边界感的小较量

随着成长，你开始意识到家庭关系中需要边界感。但父母的关心有时像“超标服务”，可能会使你感到自己的“领地”被“入侵”。其实，这只是你在学习如何一步步走向独立。

3 情感上的“保护”

保护隐私不只是锁抽屉、关上房间门等外在表现，更是对内在情感的保护。给情绪和想法留点私密空间，去梳理自己的思绪，探索内心世界。

4 父母的过度关心

父母可能出于爱与担忧，过度介入你的私密世界。这不仅让你觉得不被尊重，还会使你不安，加重你对隐私的保护欲。你很难理解父母为什么如此关心你的一举一动，而父母也不理解你为何如此回避。

学会维护你的边界

给你支妙招 一对一问答

Q 我锁抽屉是为了保护隐私，妈妈却觉得我不信任她，我该怎么办？

和妈妈聊聊：“我不是不信任你，只是有些是很私密的事，就像你也需要自己的空间。”然后多分享些小事，让她感受到被信任。她会明白，锁抽屉只是你成长的小需求，不是防备。

Q 父母总是管得太多，我该如何跟他们谈隐私问题？

告诉他们：“我知道你们关心我，但有时我也会有压迫感。”然后一起商量哪些是能共享的，哪些是私人的，让父母明白你在学着独立。

Q 如何在不伤害父母的情况下设定边界？

- 委婉表达出你需要独立空间的诉求。

“我今天晚上想自己静静，把我当‘透明人’好吗？”

- 让父母知道保护隐私不是逃避，而是成长。

“我需要点个人空间来了解自己，这是重要的自我管理。”

- 和父母做好约定。

“八点到九点是我的独立时光，请勿打扰呀！”

- 安抚父母担忧的情绪，既让他们放心，也能维护你的边界。

“放心啦，我有事会告诉你们的！”

角色扮演 = 不正经？

我的热爱为何被误解？

我喜欢角色扮演，可是妈妈总说这样打扮“不正经”。我偷偷制作了喜欢的角色的衣服，被妈妈发现了。“这花里胡哨的多难看啊！”妈妈的声音传来，让我很难过。我觉得和妈妈有了代沟。

@迟函夕 11岁

父母用表情包回消息时，发了个很尴尬的表情，直接让我无语。明明大家都在用的东西，他们一点儿都不懂，还觉得“幼稚”。

@孔乔之 13岁

我喜欢关注科技新闻，觉得那些新出的“黑科技”特别酷！但父母总说我应该把兴趣放在更有意义的地方。

@尹舒萌 12岁

我给爸爸看修图后的自拍，他直接惊了：“这还是你吗？”他觉得我们这一代人太看重外表，忽略了内涵。

其实，你和父母之间只是出现了**代际差异**……

代际差异

看法或有不同，但爱是桥梁

代际差异，又叫代沟，指两代人之间由于成长背景、生活经历、价值观和兴趣爱好等方面的差异而产生的理解和沟通障碍。简单来说，就是两代人在某些问题上看法不同，互相不理解。

代沟的表现

- **价值观差异**

  对同一件事的看法不一样。比如，父母可能更看重传统和稳定，你则更喜欢创新和自由。

- **兴趣爱好不同**

  你可能对新科技、流行文化和社交媒体更感兴趣，而父母更喜欢传统的娱乐方式和社交活动。

- **沟通方式不同**

  你习惯用社交媒体和网络语言交流，父母可能更喜欢面对面聊天和传统的表达方式。

多少年算一个代沟？

大概是25～30年，没有固定的标准。现在时代变化这么快，这个“代”所代表的时间也在不断缩短。

为什么你和父母有代沟？

1 时代因素

你成长在一个信息爆炸、科技日新月异的时代，而父母则更熟悉传统的生活方式。你觉得他们“跟不上时代”，他们觉得你太依赖这些新事物。

2 价值观因素

你们的价值观不同，父母觉得自己更权威，你却正处于追求独立的年纪。两者碰在一起，难免会产生一些小摩擦，形成隔阂。

3 情绪因素

青春期的情绪来得快，自己有时又很敏感，产生冲突时常常会说“你们不懂，别管”或“现在和你们那时候不一样”，容易和父母说几句就不欢而散，隔阂加深。

给你支妙招 一对一问答

Q 一提到现在的事，父母就开始怀念他们的“黄金时代”，好无语！

每代人都有属于他们的“黄金时代”，父母的“怀旧”也许只是对逝去青春的怀念。理解他们的情感，同时告诉他们每个时代都有美好的一面，再找个共同话题，缩小你们的代际差距。

Q 我才说“有点儿落伍”，父母就开始数落我看不起他们……

父母觉得你“看不起”他们，是因为“落伍”这个词太扎心。下次试着说：“您小时候好厉害，但现在很多新东西也很有趣，我教您吧！”先夸再聊，这样更能顺利沟通。

Q 怎么引导父母尝试新事物，跟上潮流？

想让父母跟上潮流，重点是让他们也觉得“好玩儿”，比如让他们尝试你喜欢的角色扮演。

- **角色体验**

  每月设定“家庭角色扮演日”，让父母尝试扮演你推荐的动漫角色。

- **创作型沟通**

  将“不准穿”转化为“一起做”，合作完成有趣的角色道具。

叛逆期 = 不听话？

我要的只是独立思考权！

有时候我觉得好冤枉。明明只是想试试按自己的兴趣生活，父母就觉得我在“叛逆”。比如选择夏令营时，我想参加科技夏令营，而父母认为我不够成熟，希望我参加领导力培训营。只要我没按他们说的做，他们就说我“叛逆”。

@ 张蕾蕾 10 岁

学校兴趣小组开始报名，父母让我选“有前途”的，可我更喜欢唱歌，结果吵了起来，他们就说我叛逆。

@ 王小瑜 12 岁

我不想妈妈为我规划所有的事，比如几点睡、周末去哪儿玩儿。她却说我“越来越不听话”，可这些事难道我自己不能决定吗？

许嘉诚 11 岁

爸爸让我跟他说心里话，可每次我一表达不同意见，他就觉得我在故意顶撞他。

别着急，了解一下**潘多拉效应**吧！

潘多拉效应

保持好奇，有尝试才有创造

在古希腊神话中，潘多拉是众神创造的第一个人类女性。每位神都赋予了她一项特质：阿芙洛狄忒赋予了她美貌，赫尔墨斯教会了她语言和狡黠……然而，宙斯却给了她一个神秘的盒子，并再三叮嘱她千万别打开。可潘多拉的好奇心还是占了上风，她打开了盒子，世间所有的邪恶都跑了出来，只有希望还留在盒子里。

当被禁止做某事时，我们反而更想去做。这种逆反心理就是潘多拉效应，也叫禁果效应。

潘多拉效应

- 表现：“不禁不为，愈禁愈为”。
- 心理机制：好奇心和逆反心理。
- 启示：要求别人做什么或者不做什么时，必须要有充分的理由。

为什么你会被误读为“叛逆”？

1 独立意识大爆发

青春期的你，独立意识正在悄悄觉醒。你开始有自己的想法，对父母和周围人的行为特别敏感，情绪反应也变得更强烈。

2 渴望话语权

你希望被当成“大人”来对待，渴望父母能尊重你的意见。如果父母还是用命令式的语气要求你做事，而且还不给出充足的理由，你就容易用“叛逆”来捍卫自己的立场。

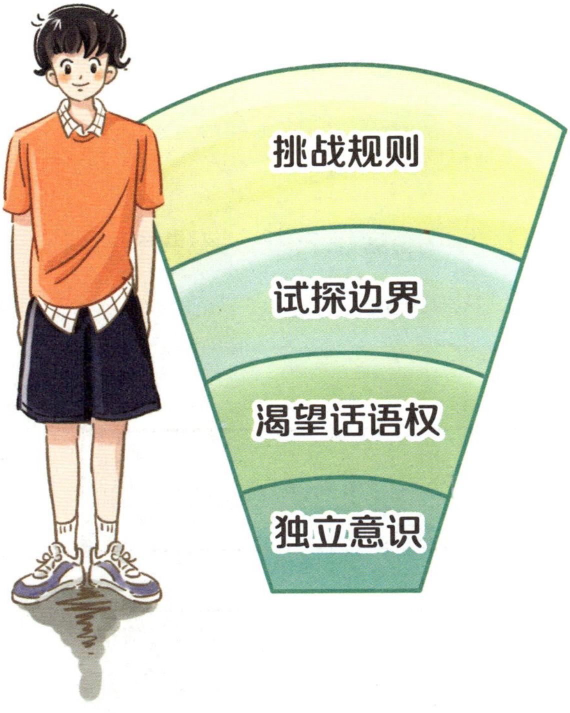

3 试探交流边界

当父母说“你得做这，得做那”，你心里就想：“凭啥？”这不是不听话，而是通过反抗来试探与父母交流的边界。搞清楚什么是自己决定的，什么是他们决定的，从而更加独立。

4 挑战规则，证明自己

当父母用传统的管教方式教育你时，你可能会觉得不合理，这时候，“叛逆”就成了你证明自己有独立思考和选择能力的方式。

给你支妙招 一对一问答

Q 父母不让我做自己喜欢的事情怎么办?

跟他们聊聊你为什么喜欢这件事，以及你从中学到了什么。比如摄影，你可以告诉他们：“这个兴趣让我学会观察世界，也有很多实用的职业方向。”

Q 怎么让父母明白我不是叛逆，而是独立?

行动是最好的证明！比如自己安排时间学习或做家务，让他们看到你独立处理事情的能力。另外，独立不是“放飞自我”，而是对自己的决定负责。先考虑后果，再告诉他们：“我决定做这个事，因为我能承担后果。”

Q 不想和父母起冲突，有什么好办法吗?

- 保持冷静，避免情绪冲动，冲动只会让事情变得更糟。
- 主动沟通，表达感受。被误解或遭到不公平对待时，平和地说出自己的想法，避免对抗。
- 学会适当示弱。适当示弱并不等于软弱，而是一种智慧，以柔克刚，避免冲突升级。

父母为何总站在老师那边？
我的委屈谁来懂？

在学校跟别人吵架被叫了家长，心里本来就慌，结果爸爸来了不仅没帮我，还不停地数落我，哪怕我已经知道错了……我真的好绝望，我也有自尊心啊，就不能给我留点儿面子吗？

@李晓晨 14 岁

有次和朋友玩儿，妈妈突然当众问我是不是有喜欢的人。我真想找个地缝儿钻进去，觉得她把我的私事当笑话，太丢脸了。

@高丽丽 11 岁

昨天和朋友聊手工，妈妈突然说："丽丽手笨，做得有点儿丑。"大家瞬间安静，我超尴尬。我知道自己做得不够好，但被妈妈当众"揭短"，真的太丢脸了！

@陈奕 13 岁

我和朋友们正热火朝天地聊电影，妈妈突然插话："成绩怎么样？复习了吗？"瞬间，大家都不说话了。

自尊心受到伤害，先了解一下**自尊定律**吧！

自尊定律

信任与尊重，是青春坚强的后盾

自尊定律说的是，每个人都有一种天生的需求，那就是维护自己的尊严和价值感。当我们受到尊重时，会感到开心和幸福；但如果被忽视、贬低，就会产生负面情绪，甚至可能产生反抗心理。

自尊的三个层次

	价值感	能力感
依赖型自尊	价值由他人决定，依赖他人评价。	通过他人的认可，以及和别人比较获得。
独立型自尊	用自己的标准评价自己。	不与别人比较，与自己比较。
无条件自尊	不依赖任何看法、评价，充分自信。	将自身存在视为一种自然且完整的状态，不做任何比较。

为什么父母总在外人面前让你伤自尊呢？

1 你的自尊需求

青春期的你特别在意自己的社会形象和他人看法，自尊心很强。但父母可能没意识到这一点，仍用旧方式对待你，让你觉得不被理解，从而感到失落或不满。

2 你对他人评价的敏感

青春期的你，自尊心正处于从依赖型向独立型过渡的阶段。你对他人的评价特别敏感，任何不被尊重的行为都会让你感到受伤。

3 教育方式的影响

父母的教育方式受他们的成长背景影响，他们习惯用批评和指责来教育你。但在青春期，这种方式可能适得其反，让你感到被误解和不被尊重。

4 缺乏有效沟通

父母可能不知道他们的行为会伤害你，因为他们没机会听到你内心的想法。你可能担心他们不理解甚至生气，难以开口表达感受。这种沟通的缺失导致误解加深。

5 社交圈的压力与认同感

你希望朋友们觉得你成熟、得体。而当父母在公开场合批评你时，可能会破坏你想展现的形象，直接刺痛你的自尊心。

学会修补情感裂缝

给你支妙招 一对一问答

自尊公式：$\text{自尊}=\dfrac{\text{成就}}{\text{抱负}}$

★ **自尊与个人成就成正比**

当取得更多成就、获得更多认可时，自尊心会增强，变得更自信。

★ **自尊与个人抱负成反比**

如果目标过高，实际取得的成功却有限，就会导致自尊心下降，变得自卑。

Q 每次一有问题，父母就先数落我……

和他们聊一聊自尊公式吧。告诉他们，尊重和理解才能让你更加自信。同时，向他们表明你有自己的合理追求和目标，让他们放心。

Q 怎么让父母在朋友面前不伤我的面子？

告诉父母，你希望他们尊重你的社交圈子和交友方式。可以和他们约定一些“底线”话题，避免在不合适的场合谈论。

约法三章

不当众批评：避免在人多的场合指责我。

不随意调侃：不要在朋友面前拿我开玩笑。

不贬低打击：不要总是说一些伤我的话。

不泄露隐私：请不要随便透露我的私事和情感困惑。

父母总是对我“看不惯”：我们真的无法沟通吗？

我想放松一下，父母就说我整天想着玩儿；我做的创意手工被他们说成是破东西，好像我做什么他们都看不惯。我真的不知道怎么和父母交流了，明明是最亲近的人，却越来越难以沟通。我渐渐变得沉默了。

@杨子轩 13岁

有时候我兴奋地讲完一件事，父母的反应是：“嗯，成绩呢？作业呢？”结果，我的“笑话”就变成了“学业追踪报告”。

@李欣阳 11岁

每次我说个新想法，父母都会分析一堆，其实我只想说：“嘿，看看我多有创意！”

@王梦瑶 12岁

不管我说什么，最后都只会变成一场争吵。父母总是坚持自己的看法，我感觉自己的话都像石沉大海。

嘿，试试**换位思考定律**，也许父母和你想的不一样。

换位思考定律

转个角度，总会有惊喜

换位思考定律是指在和人相处时，如果你能站在对方的角度想问题，就更容易赢得他们的信任、理解和支持，这样一来，你们的关系也会变得更和谐。这一定律强调了换位思考在人际关系中的重要性。

- 减少冲突

  当你理解了对方的立场，很多不必要的争吵自然就避免了。

- 增进信任

  如果对方感受到你的理解和尊重，他们会更愿意向你敞开心扉。

- 提升沟通效果

  换位思考能帮你找到更合适的表达方式，让对方更容易接受你的想法。

在与父母相处时，试着站在父母的角度想一想。你会发现，他们的爱一直都在，只是有时候表达的方式和我们期待的不太一样而已。

关于父母的 4 个事实

1 他们很在意你的学习

父母都爱自己的孩子，他们希望你有个成功的未来，所以特别看重学校教育。对他们来说，学校教育不仅能帮你选择职业，还能教你怎么与人相处、应对挑战。

2 他们是“大人思维”

父母嘴巴不甜，总挑毛病，其实是想帮你少走弯路。作为大人，他们看到问题就想“怎么改进”，而不是一味夸你“好样的”。如果你觉得委屈就说出来，让他们知道你的感受。

3 他们可能没反应过来

有时候，父母太忙或者没理解你说的事的重要性，忽略了你的话。其实他们想做好一切，只是有时反应不过来。试着找个合适的时机再和他们聊聊，让他们知道你也需要被听见。

4 他们没意识到你长大了

在他们眼中，你就是个孩子，他们很难意识到你在成长，所以你可能得主动展示你新学到的知识和能力，让他们知道你已经长大了。

学会主动沟通的技巧

给你支妙招 一对一问答

Q 父母总是说教或否定我，我该怎么表达自己的想法？

试着用“我”的方式表达，比如“我感觉……”，而不是指责“你总是……”。这样更能突出自己的想法，便于父母理解。

Q 说了真的有用吗？我觉得父母根本不理解我。

可以试着写信沟通。文字能帮你冷静表达，也让父母有时间消化。比如写：“我想聊聊，但总被否定，感觉很挫败。”并明确需求：“我希望你们多听听我的想法。”

Q 我知道父母爱我，但无法和他们沟通时，该怎么办？

沟通就像“过河游戏”，可能你先伸出手，父母才知道怎么搭桥。试试这些小方法，也许能帮助你。

Tips

- **找到“中立区域”**

当父母对成绩较真时，可以换个轻松的话题，聊聊电影、趣事或新闻，等气氛缓和后再讨论难题。

- **学会“暂停争论”**

沟通卡住时，不必争输赢，先暂停。可以说：“我们冷静一下，晚点儿再聊。”暂停是为了思考，不是逃避。

别人家的孩子总是优秀的，我的价值谁来定义？

一听到“你看看ＸＸ”，我简直想爆炸！我有自己的特色，做的事也不差，为什么总是拿我和别人比？我知道父母可能只是想提醒我一些事，或者希望看到我有改进的地方。但总是被拿来比较，真的让人又无奈又烦躁。

@翟墨涵11岁

每次父母说“你怎么这么粗心，看ＸＸ多细心”，我就很崩溃。为什么我的缺点总被他们挑出来放大比较？这不公平！

@李丽丽12岁

@鲁小敏10岁

妈妈总是拿我跟隔壁姐姐比，说我不够努力，成绩也差。我真的不想听这些，她怎么就不能看看我的优点呢？

我喜欢画画，可妈妈却说：“人家小王每年都拿奖，你画得却这么一般。”我的热情瞬间全被浇灭了，心情一下子跌到了谷底。

也许父母的过度比较，让你正在经历**“超限效应”**。

超限效应

点到即止，适当的压力才能变动力

超限效应，简单来说就是当某件事（比如一句话、一个行为）被说得太多，或者持续太久的时候，会让人感到不耐烦，甚至产生逆反心理。用一句老话说就是“过犹不及”。

超限效应的心理反应

厌倦感　　觉得自己的努力没有被看见，总是被否定。

逆反心理　　产生“反正我怎么做都不如别人”的想法，甚至故意与父母对着干。

自尊心受损　　觉得自己不如别人，自尊心受到打击，进而产生自卑心理。

当父母频繁将你与“别人家孩子”比较时，这种比较行为会逐渐超出你的心理承受范围。起初，你可能会努力满足他们的期望，但随着比较次数的增加，你会感到压力很大、很疲惫，甚至反感。这就是超限效应的典型表现。

为什么父母老拿我和别人家孩子比？

1 父母社会认同感的需求

有时父母会觉得通过对比，可以证明自己培养了一个“优秀”的孩子，这样在别人面前更有面子。这背后是他们对外界认同的渴望，但没意识到这样会让你有压力。

2 想要引导你变得更好

父母拿你和别人家的孩子比，是希望你变得更好、更优秀。他们觉得通过这种方式，会让你改善、进步。问题是这种方法往往容易让你自卑或反感。

3 对“成功”标准的误解

有些父母对“成功”有一种严苛的标准，觉得成绩好、做事规矩、家务做得完美，就是成功的孩子。这种一刀切的“成功标准”，可能让你觉得自己不够好。

4 压力和焦虑的传导

父母常常忍不住把自己生活中的压力和焦虑投射到你身上，通过比较来衡量你的表现，试图借此缓解自己心里的不安。这其实是他们的焦虑情绪在找出口，不是对你有意见。

修炼自己的屏蔽力

给你支妙招

一对一问答

Q 怎么让父母改变“成功标准”呢？

和父母聊聊什么是“成功”，让他们看到成功的多种形式。你的兴趣、爱好和其他成就也值得骄傲。

Q 如何帮助父母减少焦虑，避免过度对比？

和他们交流时，告诉他们你理解他们的担忧和好意。试着一起探讨他们的焦虑来源，理解他们的需求，以帮助他们放松，减少不必要的比较。

Q 我怎么才能不被比较影响，做到真正的自信？

关键在于建立一个“稳定的内核”，让外界的声音没法随便左右你。

- **做自己的粉丝**

认识到自己的优点，时不时夸夸自己。这样不论别人怎么说、怎么比，你都心里有底。

- **拥抱不完美**

没人是完美的。接受自己的缺点，不必与他人比个高下。

- **不被定义的你**

别人的评价顶多是个参考，不会决定你未来的模样。专注自己的成长，别让这些杂音影响你的大局。

父母总是争吵：我的避风港去哪儿了？

每次父母吵架，我就像是被卷进了一场“情感风暴”，心里慌得不行，紧张地留意着他们的一举一动。有时我会想，是不是因为我他们才吵架？可有时候又觉得，算了，随他们去吧。我常常觉得特别无助、沮丧，甚至还会自卑。

@林蕊 12 岁

父母总是吵架，我都习惯了，也懒得去管。可有时候遇到事，我也会忍不住像他们一样大喊大叫，根本控制不住自己。

@陈雪琪 11 岁

每次父母吵架，我都会找借口躲起来。虽然他们最后和好了，但那种紧张和不开心的气氛，一直让我十分害怕。

@王昕 13 岁

我父母总是吵架，每次看到朋友的家庭那么和睦，我就特别羡慕。可有时候我又觉得自己好像不配拥有那样的家庭，心里挺难受的。

你或许得留心一下，别让自己陷入**“家庭内耗”**。

家庭内耗

反内耗，做自己的“小太阳”

家庭内耗就是家庭成员之间因为各种原因产生的矛盾、冲突和不和谐。这些矛盾、冲突和不和谐导致家庭氛围紧张、关系恶化，从而影响家庭成员的心理和情感健康。

家庭内耗带来的影响

- **情绪受影响**

  父母的争吵可能会让我们感到焦虑、烦躁，甚至会引发我们的叛逆情绪。

- **自我认知受挫**

  父母的争吵可能会让我们觉得自己不够好，或者觉得自己是家庭矛盾的根源。

- **社交受影响**

  我们可能会因为家庭问题而变得孤僻，不愿意和朋友交流。

青春期的我们，对家庭环境的变化格外敏感，尤其是父母之间的争吵。但你要明白，家庭本就是一个复杂的系统。保持冷静，调整好自己的情绪，这样你才能在家庭的“暴风雨”中，做那个照亮自己的“小太阳”！

为什么父母的争吵让你感到窒息和无助？

1 “避风港”动荡

对我们来说，家是最安全的地方，有父母在，世界才安稳。可一旦他们吵架，就像风暴突然袭来，避风港瞬间变得动荡起来，我们觉得失去了支撑和安全感，从而紧张不安。

2 “理想角色”崩塌

父母在我们心里是解决问题、保护我们的“超人”。可当他们陷入争执时，我们会产生“他们不是我可以依赖的人”的心理冲击。这种角色崩塌让我们感到孤立无援。

3 无法理解他们的“战争”

父母的争吵常常让我们分不清是小小的情绪爆发，还是背后有更深的问题。缺乏理解，我们容易过度担心，总觉得一吵就会“出大事”。

4 自身角色的困惑

青春期的我们既想独立，又怕失去家庭的支持，常常不知道自己该扮演什么角色。特别是在父母发生争执时，会觉得自己夹在中间左右为难，焦虑和不安就会加剧。

学会建构情绪避难所

给你支妙招 一对一问答

Q 父母吵架时，我应该做些什么呢?

你不需要做太多干预，更不要觉得“如果我做得更好，他们就不会争吵了”。保持独立的情感边界和平和的心态，不要受争吵影响。如果你觉得情绪受到影响，可以在合适的时机表达自己对家庭稳定的期望。

Q 如果父母真的分开了，我该怎么办?

你一定会很难过，甚至感觉整个世界都在崩塌。但放心，有一些方法可以帮助你度过这段艰难的时光。

√ 接受改变

生活会变，但这不意味着失去什么，做好接受变化的心理准备，保持日常生活规律，转移自己的注意力。

√ 保持沟通

父母的关系可能变了，但你们的联系不一定断。保持沟通，理解彼此，适时表达自己对变化的感受。

√ 找到其他支持

不要孤单地面对这一切，可以和亲人、朋友聊聊。有时候，仅仅是知道自己不孤单，就能减少很多焦虑。

√ 重建自我价值

父母的决定不是你的错，你依然是有价值、值得被爱的个体。通过培养兴趣和自信，提升自己的价值感。

在同学家过夜 = 学坏？信任危机何时休？

我和朋友约好周末去他家过夜，一起看电影、去郊游。结果和父母说时，他们就是不同意，理由一大堆，什么“不安全”“影响学习”……真是烦透了！我都这么大了，他们怎么还这么不放心呢？我感觉自己就像被困在笼子里的小鸟，一点儿自由都没有……

@陈天宇 13 岁

我想去朋友家参加生日聚会并过夜，但父母不同意，说会影响学习。我好不甘心：“就想去玩儿一会儿，为什么不行？”

@冯诺诺 12 岁

我跟父母说想去闺密家过夜，他们问东问西，最后说“不行，不安全”。我都说了会注意安全，他们还是不同意，太烦了！

@李遇 11 岁

父母说“去别人家过夜太麻烦人家了”，可我都跟同学说好了，同学家长也同意了，为什么他们总是这么古板？

别急，先了解一下**视网膜效应**吧！

视网膜效应
关注点不同，选择也会不同

当人们特别关注某事时，会更容易看到相关信息，这是一种选择性注意。人们会无意识地忽略与关注点无关的信息，从而在判断时产生偏差，比如强化偏见或忽视全面情况。

视网膜效应的影响

- **强化偏见**

  当我们特别关注某件事时，容易强化自己的偏见。比如父母担心过夜安全，只看到风险，忽略了你已长大能照顾自己的事实。

- **影响决策**

  这种效应让人在决策时只看到部分信息，忽略其他。比如父母因担心你的安全，忽略了你的需求和期望。

- **加剧矛盾**

  父母过度沉浸于自身焦虑视角，你也过度关注父母的管控行为，忽视其关爱，双方陷入僵局。

父母的关注点

- 安全问题：担心过夜不安全，怕遭遇突发状况或陌生人。
- 生活习惯：担心不适应饮食、作息。
- 影响学习：担心熬夜聊天、玩游戏影响学习。
- 麻烦别人：担心给同学家长添麻烦。

为什么父母不同意你去同学家过夜？

1 父母的保护意识

安全问题是父母最担心的。他们出于对你的保护，格外担心一些不确定的因素，比如遇到坏人或者发生火灾、地震等自然灾害，觉得在自己家里才能更好地保护你。

2 忽视了你的独立性需求

青春期的你渴望独立和自由，去同学家过夜是想向父母证明自己已经长大了，能够独立处理一些事情。但父母的保护性心理，让“视网膜效应”启动，只看到风险因素，而忽视了你的独立性需求。

3 不了解你的社交圈

父母不了解你的朋友和社交圈，担心不确定因素带来风险。比如你和同学相处时会发生矛盾或者不愉快的事情，你不知道如何处理。

4 传统教育观念

传统观念也在一定程度上影响着父母。在一些传统的观念里，孩子去别人家过夜会被认为不太合适。

『给父母一份"定心攻略"』

给你支妙招　一对一问答

Q 父母不同意我去同学家过夜，我该怎么说服他们？

- **提前沟通，做好计划**

提前告诉父母你的计划，给他们时间思考。和同学一起制订详细计划，包括活动内容（看电影、聊天、玩游戏）、作息时间（明确睡觉时间）和安全措施（不接待陌生人）。

- **强调安全和信任**

向父母介绍同学家的情况，比如同学父母是否在家、环境是否安全。告诉父母同学家的地址和同学父母的电话，让他们随时能联系到你。向父母保证你会注意安全，不做危险的事。

- **争取同学家长的支持**

邀请同学的父母和你的父母通电话，增加信任感。如果可能，邀请父母一起去同学家看看，让他们更放心。

Q 如果他们还是不同意，我该怎么办？

你可以提出折中方案，比如先去同学家玩儿几个小时，再回家过夜。让父母感受到你有足够的责任心和自控能力。渐渐地，他们会看到你的成熟和独立，可能会放宽一些限制。

离家出走＝危险？

这些事你必须知道！

有时候，我觉得自己被家里、学校压得喘不过气，真的特别想逃离。尤其是和父母吵架或被批评时，心里那股冲动劲儿就格外强烈，想去一个没人认识我的地方，痛痛快快地做自己。可是，越是想离开，我越感到无力，我真的能离开吗？又能去哪里呢？

@ 郑璇 14 岁

我总觉得家里没人理解我，每次遇到问题，父母就说我“太情绪化”。我好想逃离，一个人待着才不会被打扰。

@ 刘昭明 13 岁

上周跟妈妈大吵一架，心里气得不行，差点儿就收拾行李跑出去了。感觉只要离开家，一切就能变得更好。

@ 王心怡 12 岁

我觉得自己快被压垮了，真想逃离这一切。可走出家门，我又很茫然，不知道能去哪里。

想离家出走其实是一种**“鸵鸟心态”**。

鸵鸟心态
逃避并不能解决问题

鸵鸟心态是一种逃避现实的心理现象，源自一个误解——人们认为鸵鸟在面对危险时会把头埋进沙子里，以为看不见危险就安全了。实际上鸵鸟并不会这么做，但这个比喻形象地描述了人们遭遇不愉快、痛苦或不确定的情况时，选择逃避而不是直面问题的心理状态。

鸵鸟心态特点

✕ 逃避问题：倾向于回避困难和挑战，而不是积极寻找解决方案。

✕ 自我安慰：通过忽视问题的存在，来缓解内心的焦虑和不安。

✕ 缺乏行动：因为害怕面对问题的后果，所以选择不采取任何行动。

✕ 短期缓解：虽然这种心态可能在短期内让人感觉轻松，但从长期来看，问题依然存在，甚至可能变得更糟。

你为什么想离家出走?

1 背后的心理机制

恐惧与不确定性：你可能害怕面对问题的未知后果，比如被父母责骂或受到老师的批评。

缺乏应对能力：你可能觉得自己无法解决问题，从而选择逃避。

寻求心理安全感：你试图通过离家出走获得暂时的安全感，远离压力源。

2 青春期的行为特点

冲动行事：青春期的你容易冲动，缺乏对后果的考量。比如与父母产生冲突时，可能一怒之下离家出走，却没想过这一行为的严重后果。

情绪爆发：你的情绪管理能力不足，当负面情绪积压到一定程度，任何小事都可能成为导火索。这些事情会让你感到痛苦，离家出走成了你“逃避痛苦”的方式。

反抗父母：用逃离来“唤醒”父母，让自己的需求被注意到。

离家出走的后果

容易遇到危险。

无经济来源，衣食住行成问题。

耽误学业，影响未来。

家人会非常担心，甚至自责。

『应对“离家冲动”小锦囊』

给你支妙招 一对一问答

Q 我真的很想离家出走，怎么办？

请立即停止这个想法！离家出走只会让事情变得更糟糕。试着用以下方法解决问题。

冷静下来，想想离家出走的后果，如无处可住、没饭吃、可能遇到危险。这会让你明白，离家出走并不是明智的选择。

给信任的人打电话，倾诉烦恼，他们可能会给你一些好的建议。

给自己一些“独立时间”，比如去朋友家过夜，做自己喜欢的事。这样，你会得到放松。

Q 我担心家人会责怪我，所以不敢告诉他们我的烦恼……

父母虽然有时会让我们觉得不被理解或被控制，但他们始终是我们最重要的支持者。勇敢地向他们倾诉你的烦恼，他们会理解你、帮助你。

Q 如果我已经离家出走了，该怎么办？

请立即回家！如果你担心回家后会受到责骂，可以先打电话给家人，告诉他们你很安全，很想回家。记住，家永远是你的港湾，家人永远爱你，他们会帮你解决问题。

情绪失控？暴躁背后藏着哪些求救信号？

最近我总是莫名其妙地发火，看什么都不顺眼，甚至对身边的人乱发脾气。我试着让自己冷静下来，深呼吸，告诉自己“没事的，慢慢来”，可那些焦虑的情绪总是在最脆弱的时候跳出来捣乱。

@王佳妮 11岁

我总觉得身体不对劲儿，不是头痛就是胃不舒服，有时候还莫名其妙地累得不行。

@董萌萌 12岁

我一到考试或者要跟人打交道时，就紧张得不行，甚至直接崩溃……

@翟萧然 10岁

我因为没找到遥控器，或者被父母提醒要做作业，就怒火中烧，或者突然大哭。

先来了解一下**“情绪粒度”**吧。

情绪粒度
越细腻，越稳定

情绪粒度，就是一个人感知和描述自己情绪时的精确程度。

情绪粒度的高低，直接影响我们管理和应对情绪的能力。

情绪粒度低的人

- 对情绪的感受很模糊。
- 说不清楚自己的情绪。
- 不知道自己为什么情绪不好。

情绪粒度高的人

- 能够准确识别自己的情绪。
- 能够精确描述自己的感受。
- 更容易揭开情绪的真相，了解情绪背后的需求。

青春期的你容易情绪化，遇到一点儿小事就爆发，这是**情绪粒度低**的表现。

情绪识别：只能模糊地感知到“我不开心”，难以说出具体原因。

情绪表达：采用简单、直接的方式表达情绪，如通过大喊大叫、摔东西等来表达不满或愤怒。

情绪调节：缺乏有效的调节策略，容易陷入情绪的旋涡难以自拔。

人际关系：情绪表达和调节的困难，导致人际关系紧张，容易与他人发生冲突。

为什么你的情绪总是失控？

1 大脑在“升级”

青春期的大脑很特别，脑前额叶皮质(自控区)还没完全发育，但是杏仁核（情绪区）已经非常活跃。结果就是，情绪上来时怎么都控制不住，冷静下来才意识到：“我有点儿过了。”

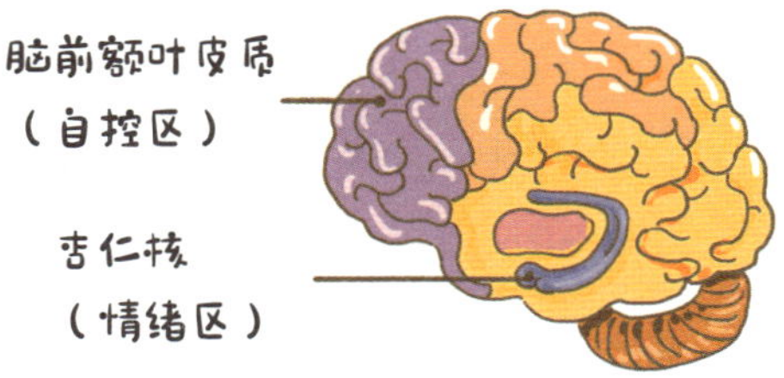

2 荷尔蒙“作怪”

青春期的激素变化像是开了“特效模式”，会让情绪更加敏感、多变。有时候明明是件小事，自己突然就会特别暴躁。

3 被“压”得喘不过气

学校的压力、父母的期望、同龄人的评价……这些看似微不足道的小事堆积在一起时，情绪就像被不断充气的气球，最终啪的一声炸开，让人感到难以承受。

4 自我探索的“烦恼”

青春期的你踏上探索自我的旅程，但这条路充满了不安与困惑。你渴望展现出成熟与独立，却又害怕失败。于是，焦虑时不时地跳出来捣乱，让你感觉一切都失控了。

给你支妙招 一对一问答

Q 我现在有点儿焦虑，是不是很糟糕啊？

完全不用担心！焦虑不是你的敌人，而是大脑在提醒你：“嘿，有事需要注意啦！”接受它，你会更警觉、更专注，甚至从中得到成长。就像系统更新，虽然有点儿烦，却能让你更强大！

Q 情绪上来了，根本控制不住，我该怎么办？

试着识别并接纳自己的情绪，教你一个小技巧——**对齐情绪粒度**！

- 观察情绪

停下来，感受身体的反应（比如心跳、呼吸），它们能透露你真正的情绪状态。

- 给情绪命名

避免模糊的“不开心”或“烦”，用具体词汇描述，如“焦虑”“担心”或“紧张”。

- 拆开复杂情绪

有时你可能觉得“好烦”，其实是生气或失望，拆解它们，逐一识别。

- 接纳坏情绪

别觉得坏情绪是敌人，它们是正常的。接受它们，掌控它们！

Q 当焦虑来袭时，我就想逃避，怎么办？

焦虑来袭时，你可能想逃避、过度担心或紧张，这很正常。试着把问题切成小块儿，一步一步解决。每完成一步，你都会感觉轻松一点儿。

越长大越孤独：

谁能听懂我的“心里话”？

朋友有自己的圈子，父母总是忙，没人真正听我说话。即使在人群中，我也觉得我是独自生活在一颗孤零零的星球上。那种孤独的感觉就像潮水一样，一波一波地涌过来。是我太奇怪了，还是真的没人懂我？

@冯子墨 11岁

我跟朋友倾诉自己的烦恼，他们却只是敷衍地说：“别想太多。”那一刻，我突然觉得自己像个“透明人”。

@刘可棋 13岁

和朋友一起出去玩儿，大家聊得热火朝天，可我却只能在旁边默默听着，感觉自己像个局外人，好像没人在意我。

@马达 12岁

很多时候我不想说，说出来大家只会觉得我矫情，我就想：“那还是算了吧！”

也许你正经历**青春期的孤独**……

青春期孤独感
孤独也是成长的礼物

青春期孤独感，就是我们在青春期阶段由于生理、心理和社会环境的变化，产生的一种主观上感到孤立无援、缺乏陪伴、不被理解的情感体验。

1 情感上的疏离

你可能会觉得和家人、朋友的距离变远了，好像有一层看不见的隔膜。

2 社交活动减少

你可能不再那么喜欢参加社交活动，会更喜欢独处，沉浸在自己的世界里。

3 对自我认同的探索

你会更深入地思考自己的身份和价值观。

4 对被理解的渴望

你觉得没有人能懂你，时常感到悲伤、焦虑或沮丧。

5 对未来的迷茫

你可能会对未来感到迷茫，这种不确定性会让你觉得孤单。

你的孤独感从何而来？

出现青春期孤独感并不是因为你真的孤单，而是因为你正在经历一个自我发现和成长的过程。

1 你开始思考人生

你开始形成自己的价值观，甚至会思考人生、世界、宇宙……有时你觉得自己和周围人不同，这让你感到困惑和不安，但它也是你成长的重要标志。

2 你难以表达想法

你想说“我好累”，结果说成了“我不想说话”。有时候，心里满满的感受，却不知道怎么开口。就算说了，也常常表达不清楚或者被误解，别人根本不懂你。

3 无力感让你自我孤立

你有很多想法，但是自己什么也做不了，或不知道怎么实现，这种无力感让你不想说话、不想做事，觉得自己很孤单，甚至怀疑自己是否会被他人接纳和理解。

给你支妙招 一对一问答

我不喜欢孤独，有什么方法能赶走它？

孤独不是敌人，我们可以和它和平共处。试着做点儿自己喜欢的事，有时它会激发你的创造力，比如通过写作、绘画、听音乐等方式，应对孤独。

我渴望找到一个真正懂我的人，我该怎么做？

最懂你的人其实是你自己，接纳自己就好。如果你想让别人懂你，就从表达自己开始吧！很多时候，通过和别人分享感受，你便能找到与你共鸣的人。

- 孤独有时是因为自己躲在罩子里。试试：

  插句话：“带上我呗！”

  加入活动：帮忙递个水。

  主动约：“周末有空儿一起喝奶茶？”

- 把孤独“吐”出来，憋着会不舒服。试试：

  写出来：“没人理我，我像空气。”写着写着，情绪就会好点儿。

总觉得被嘲笑：是我太敏感，还是世界太冷漠？

最近总觉得走到哪里都有“无形的摄像头”。课间听到同学小声说话，好像提到了我的名字，就怀疑他们在嘲笑我的新发型。甚至别人的一个眼神，都能触动我的神经。明明知道可能是自己多心，却控制不住地想：“他们一定在说我的坏话。”

@刘畅 12 岁

和朋友聊得正开心，她突然沉默了，我开始怀疑：“我说错什么了吗？她是不是不想理我？”心情一下就低落了。

@王漫妮 10 岁

@王弘文 11 岁

演讲比赛前我紧张极了。看到同学小声说话，就以为在说我的坏话，更紧张了。比赛后，我总觉得自己表现差，一直不开心。

我在课堂上勇敢举手发言，心想：“应该没问题吧？”但看到同学偷偷笑了后，我忍不住开始猜测：“我是不是说错了？”

别急，先了解一下**聚光灯效应**吧！

聚光灯效应
你不是舞台中心，但你是自己的主角

心理学家曾做过一个有趣的实验：让参与者穿上印有“不受欢迎”图案的 T 恤进入房间。结果发现，大家普遍觉得别人会关注到自己的 T 恤。实际上，只有大约 20% 的人真正注意到了图案。

这种现象后来被称为“聚光灯效应”，是指人们容易高估别人对自己外表和行为的关注度。它其实是一种以自我为中心的偏见，让我们误以为自己是别人眼中的焦点。

聚光灯效应在青春期的表现

高估他人对自己的关注

觉得所有人都在关注自己，但实际上并非如此。

容易产生情绪波动

容易因周围人的行为产生自我怀疑、焦虑、愤怒、自卑等情绪。

放大自身问题

容易将一些小问题或小失误无限放大，认为这些会成为他人关注的焦点。

为什么你会对外界的反应敏感？

1 有一个自我意识小剧场

青春期阶段，你的自我意识增强，对自己的言行和他人的看法更加敏感，这会让你过度解读他人的行为。其实这很有可能是你在“自导自演”。

2 寻找身份认同拼图

青春期的你常常会对自己的角色和地位感到不确定，这也让你对他人看法变得更加敏感。不必担心，这可能是你正在寻找身份认同的拼图。

3 进入情感加速模式

青春期的你像是进入了“情感加速模式”，每个细节、小动作都可能成为你情绪波动的触发点，让你在快乐与焦虑、兴奋与不安之间快速切换。

4 高敏感特质作怪

“敏感型”的人有很多优点，比如细心、体贴、善于观察，但也有弱点——太在意别人的看法，总是想得太多。

学会发挥敏感体质的优势

给你支妙招 一对一问答

Q 我知道自己太敏感，我觉得这样很不好。

敏感只是一种性格特质，不要让自己陷入内耗，试着欣赏你的敏感特质，这样你的心情就会好起来。

Q 我总觉得大家在针对我，很苦恼。

其实大多数人并不关注你！告诉自己：“别人没那么在意我！”放下包袱，把注意力转向自己想做的事，生活就轻松多了。

Q 我不想总是这样疑神疑鬼，该怎么办啊？

如果你不想因高度敏感而过度内耗，可以试试“8：2 法则”——把 80% 的精力放在自己身上，用剩下的 20% 关注外界。

8：2 法则

- 8 分关注自己，2 分关注别人
  多关心自己，别太在意别人怎么看。
- 8 分肯定自己，2 分审视自己
  多肯定自己，反思时别太挑剔。
- 8 分享受过程，2 分担心结果
  放松享受过程，不必太担心结果。
- 8 分放下压力，2 分接受挑战
  放下压力，轻松面对挑战。
- 8 分自我关怀，2 分自我批评
  对自己温柔些，批评时不要过度。
- 8 分关注情绪，2 分关注外界
  关注内心世界，少受外界影响。

外貌焦虑：不漂亮就不配被爱吗？

“如果我瘦一点儿会不会更受欢迎？”“脸上又冒痘痘了，好丑啊！”“我又矮又胖，谁会喜欢我呀！”……不知道从什么时候开始，我突然特别在意自己的样子，总觉得自己不够好。所以不敢大声说话，不敢主动交朋友。

@张滨逊 10岁

我的鼻子有点儿塌，虽然别人说挺好看的，但我就是觉得不对劲儿。看到那些高鼻梁的同学，真是好羡慕。

@李文惜 12岁

班级聚会时，我看到镜头对准了自己，吓得赶紧低下头，生怕自己的大圆脸被拍到。

@林涵云 13岁

为了变瘦，我已经3天没吃肉了，每顿也只吃小半碗饭，每天都感觉好饿。

嘿，你可能陷入了**体像烦恼**。

体像烦恼

我不完美，但我独一无二

体像就是我们对自己身体的主观认知和感受。它不仅关乎对外貌、身材的评价，还会深深影响我们的心理和行为。而体像烦恼就是因为我们对自己的外在表现不满意，或者过度担忧，而产生的自卑、焦虑的情绪。

体像烦恼的表现

- **外貌**

  对自己的脸型、五官（如鼻子、眼睛、嘴巴等）不满意，觉得不够好看。

- **身材**

  对自己的身高、体重、体型（如胖瘦、肌肉线条等）不满意。

- **皮肤**

  为自己的皮肤状况（如痘痘、肤色、疤痕等）感到烦恼。

- **整体形象**

  觉得自己整体形象不够好，不符合自己的期望。

自卑感背后，是谁在制造焦虑？

1 发育期身心的矛盾

青春期的我们身体长得快，体脂率自然上升，但这与大众的审美标准相冲突，这种矛盾使我们与内心期待的"理想自我"产生落差，从而引发内心的不安与自我怀疑。

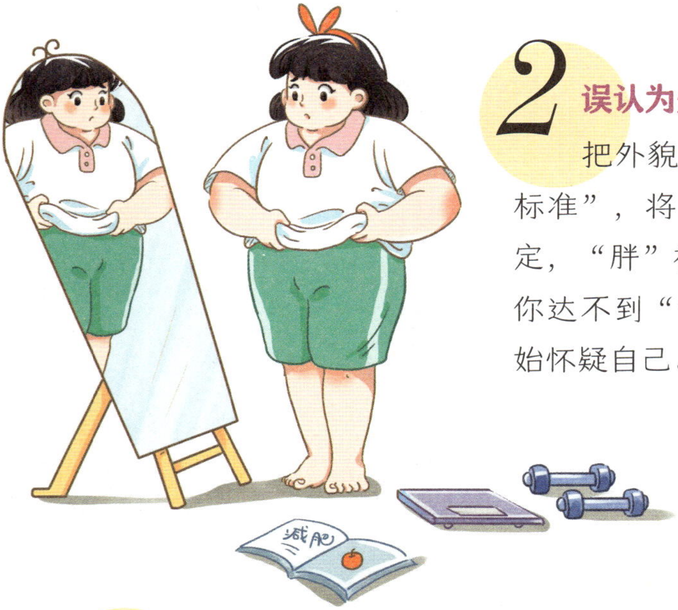

2 误认为外表决定自我价值

把外貌当成自我价值的“评分标准”，将“瘦”与自律、成功绑定，“胖”被污名化为懒惰、失败。你达不到“完美”的标准，就会开始怀疑自己。

3 别人眼中的暗示

你容易和同龄人比较，他们无意间对外表的评价会让你不安。觉得别人对你有意见，或者自己陷入“不达标就失败”的思维模式，从而感到焦虑。

4 替代性补偿

因学业或社交方面受挫，将焦虑转移到更可控的外貌问题上，看自己哪儿都不顺眼，急于在体像上修正自己。

打开"外貌监狱"的4把钥匙

给你支妙招 一对一问答

Q 我觉得自己哪方面都不"完美"。

完美？那只是个"虚拟"目标！世界上并没有完美的人。接纳自己的不完美，做与众不同的自己就好。

Q 我接受自己的样子，可还是会在意体重、皮肤、个子……

这里有一些小方法，或许能帮你轻松面对这些小困扰。

- 身材不好

  把焦点从体重转到健康和心情上。身体健康、心情舒畅就好。如果想更轻盈些，可以适当运动。

- 皮肤不好

  保持良好的护肤习惯，放松心情，皮肤会慢慢改善。

- 个子不高

  身高是自然成长的结果，保持健康，多锻炼，耐心等待成长。

- 鼻子 / 眼睛 / 嘴巴……不好看

  每个细节都是你独一无二的标识，接纳它们，进而接纳自己。

Q 身边的人总是笑话我的样子，比如我眼睛小，就叫我"豆豆眼"，真的好烦。

你可以幽默回应，比如对他们说："小眼睛是专门用来观察世界的！"或者对这种冒犯直接说"不"。当然，最好的方式就是无视，专注于自己的长处。

中性穿搭 = 异类？谁规定必须活成“标准答案”？

我喜欢穿中性风的衣服，同学却常叫我“假小子”，妈妈也觉得女孩子不该这样打扮。我试过穿得“女生”一点儿，但感觉那不是自己。虽然知道不该太在意别人的看法，可被误会时还是会难过。我只是想穿自己喜欢的风格的衣服，为什么这么难呢？

@王景鹏 11 岁

我喜欢混搭风，每次都觉得自己的搭配令人惊艳，但出门后大家都盯着我看，让我很不自在。难道我真的穿错了？

@张雅芙 12 岁

我喜欢穿宽松的T恤和运动鞋，结果有同学笑我说：“你是不是想变成男生？”其实，我不想被定义成“女孩”或“男孩”，我就是我！

@伊娜 13 岁

我最喜欢的偶像穿得酷酷的，T恤和运动裤看起来既有个性又时尚。那一刻，我决定也要这样穿！

其实，你只是**被贴上了标签。**

标签效应
打破标签，不被别人定义

标签效应是指当一个人被贴上某种标签（比如“假小子”“书呆子”“学渣”等）后，可能会不自觉地按照这个标签去塑造自己的行为或形象，甚至会内化这种标签，认为这就是真正的自己。

当你选择穿中性衣服时，可能会面临来自家庭和社会的标签化评价，从而被标签效应影响。

内化标签

你可能会接受这些标签，比如被贴上“假小子”的标签后，就更坚定地选择中性穿搭。这种内化可能是为了迎合别人，也可能是不想被标签带来的压力所困扰。

反抗标签

你可能会反感被贴标签，而更坚持自己的风格。比如，当别人说“女孩不该这样穿”时，你反而会更坚定地选择中性衣服，以此挑战传统观念，表达自己的独特个性。

为什么喜欢中性穿搭？

1

反叛与自由的表达

青春期是“叛逆期”，你开始质疑规则。中性穿搭成了摆脱性别标签的方式，让你不再受“男孩”或“女孩”的束缚，表现出更放松、更自由的个性。

2

通过另类装扮宣泄情绪

你的情绪总是波动很大，当情绪无法发泄时，就会找些特别的方式来表达。比如故意穿些父母看不惯的风格特别的服装。

3

对异性的好奇和探索

你可能会觉得传统的**“男孩应该这样”“女孩应该那样”**有点儿老套。中性化的穿着就像是一次有趣的探索，让你可以尝试不同的风格，发现更多的可能性！

喜欢，就大胆穿

给你支妙招 一对一问答

Q 身边的人都议论我，我该不该穿中性衣服?

首先你得明白，身边的议论永远不可能消失。但你更要知道，穿衣是为了自己，不是为了别人。不必在乎别人怎么说，喜欢，就大胆穿!

Q 自己的穿着不符合别人眼中的“美”，父母也不喜欢，怎么办?

别让外界的标准决定你！父母不理解或是看不惯？那很正常。这表明你开始尝试表达自我。告诉他们这样穿会让你更自信，更愿意与人交往。

Q 我不知道自己该穿什么风格的衣服。

试试这些方法吧，很快你就能找到属于自己的穿衣风格!

- 看看你的衣橱

把衣服都拿出来，挑出你最爱的那几件，看看它们的款式、面料和颜色。这样你就能更清楚自己的喜好。

- 大胆尝试新风格

穿衣风格不是一成不变的，它会随着你的成长而变化。别害怕尝试新风格!

- 用小配饰装扮自己

简单的衣服靠配饰也能焕然一新！试试围巾、头巾、腰带、胸针或徽章吧，它们能轻松改变穿衣的风格。

时而自命不凡，时而一无是处？这届青少年太难了！

上一秒觉得自己无所不能，仿佛可以轻松搞定一切；可下一秒碰到点儿小挫折，一下子就泄气了。这种情绪大起大落，我自己都蒙了，甚至怀疑自己是不是有点儿“分裂”了。

@王俊杰 13岁

我策划班级活动时，一开始信心满满，觉得自己的创意真棒！结果讨论时，同学们对我的点子提出疑问，我瞬间就蔫了，心里开始打鼓，觉得自己做不好……

@张紫怡 12岁

同学们都围着我时，我觉得自己挺有魅力。但一看到班上有同学比我更受欢迎，我就不自觉地开始怀疑自己。

@李欣悦 11岁

被老师表扬了，自信心就噌噌往上涨。可老师一指出我的不足，我就会觉得自己啥都不行。

你可能陷入了**钟摆效应**。

钟摆效应
在变化中寻找平衡点

钟摆效应（也称心理摆效应）是指在特定的心理活动中，情绪的强度越高，就越容易向相反的情绪转化。这种现象类似于物理学中的钟摆，当钟摆被拉到最高点时，它会以较大的幅度摆向另一侧。同样，当人的情绪处于极端状态（如极度兴奋或极度沮丧）时，也容易迅速转向相反的情绪状态。

钟摆效应的表现

在情绪高涨时，可能会突然感到沮丧或失落。

在情绪低落时，可能会突然感到兴奋或快乐。

这种起伏很正常，是你在探索自我、寻找平衡点的过程中必然会经历的。随着时间的推移，你会慢慢找到自己的节奏，找到那份平衡感。

为什么你会陷入钟摆效应？

1 情绪的两极性

青春期的情绪就像大海，一会儿潮起，一会儿潮落。这种情绪的两极性使你很容易从一种情绪状态迅速切换到另一种相反的情绪状态。

2 大脑有把“保护伞”

每当面临挑战、失败或批评时，大脑会启动自我保护模式。有时它会让你瞬间变得自信，甚至有点儿“自大”，来帮你应对外界的压力。

3 自我欺骗的失衡

有时你会不自觉地夸大自己的优点，甚至觉得自己无所不能。这其实是在掩饰内心的不安，帮助你建立一丝自信。可一旦遭遇挫折，那些曾经夸大的自信会立刻崩塌，取而代之的可能是强烈的自卑感。

4 内外期望的碰撞

父母、老师等外界的期望和你内心的渴望常常会产生冲突。当你觉得自己不符合外界标准时，容易陷入自卑；反之，你可能会变得过度自信。内外期望的碰撞会让你在自信与自卑之间摇摆不定。

在自卑与自信间实现量子跃迁

给你支妙招 一对一问答

Q 时而自信，时而自卑，我觉得自己好像有点儿人格分裂……

别担心，这不是真正的疾病，而是大脑在努力调整你的状态。给自己点儿时间，试着接受这段情绪的波动，慢慢调整心态，你会发现自己的情绪越来越稳定。

Q 我该怎么平衡这种自卑又自信的矛盾情绪？

青春期的情绪波动大，你可以试试以下小方法。

找到情绪“触发点”

简单记录一下情绪变化，看看是什么触发了它们，这样你能更清楚地找到自己情绪变化的“规律”，逐步学会识别和应对，避免被情绪牵着走。

按下“平衡按钮”

自卑时提醒自己：人不需要完美。自信时提醒自己：不要过于膨胀，保持谦逊。

Q 事情做不好时真的很沮丧，怎么才能重新振作？

给自己一点儿时间恢复，不必逼自己立刻振作。做点儿小事让自己放松下来，慢慢恢复精力。然后调整心态，把注意力从“失败”转移到“寻找解决方法”上。

感觉万事无趣：我是不是得了“青春期抑郁症”？

最近我对什么都没兴趣，以前喜欢做的事儿，现在都提不起劲儿。情绪总是很低落，心里像压着一块大石头，喘不过气来，有时候甚至觉得自己有点儿“抑郁”了。我也不知道该怎么让自己好起来。

@王宇航 11 岁

以前我喜欢和朋友打游戏、聊天，可最近坐在电脑前都不想开机。我自己也不明白怎么就没动力了。

@张洁琳 14 岁

我一直都是班里的“开心果”，可最近却不想和大家说话。朋友们问我是不是心情不好，我只是笑笑说没事。

@李泽宇 13 岁

我以前放学都会去打篮球，但最近总觉得很没劲。每次朋友叫我打篮球，我都找借口拒绝，因为我宁愿在家里发呆。

你可能陷入了情绪低谷，是时候**唤醒你的内驱力**了！

内驱力
不是外界的推力，而是内心的光芒

内驱力是一个人发自内心想去做某件事的动力。这种动力可能来自对这件事本身的兴趣，或者是因为做这件事能让自己感到开心、有成就感，甚至是为了实现自己的目标和梦想。

内驱力的两个重要来源

积极情绪

对周围的世界充满期待，觉得世界是有趣的，并对未来抱有希望，有探索和努力的动力。

兴趣

容易使人集中注意力，维持愉快、积极的心态，对人的认识和活动产生积极影响。

有了积极情绪和兴趣，即使在生活中不可避免地体验到一些负面情绪，比如焦虑、失望、伤心或愤怒，我们依然会相信这些情绪只是暂时的，并且很快可以恢复乐观的心态。

为什么对任何事都提不起兴趣？

1 大脑的“遮蔽”让你感到迷茫

情绪波动大时，你的大脑会“关闭”一些处理感受的区域，导致你无法清晰地理解和处理自己的感受。在这种状态下，你可能会觉得自己对一切都没有兴趣，失去生活和学习的动力，情绪变得低落。

2 外在挑战让你感到不安

学业压力、与朋友的矛盾、睡眠不足，甚至是对自我价值的探索的迷茫，都可能让你不知道该怎么办，也不清楚自己到底是谁，觉得自己什么都做不好，最终导致情绪低落和兴趣减少。

3 情绪爆发前的积压

你可能还不太会处理情绪，把压力和负面情绪悄悄藏在心底，一开始觉得“没事”，直到它们爆发时，你才发现自己被这些积累的情感压得喘不过气，因而感到沮丧甚至有些抑郁。

突破认知的“牢笼”

我总觉得自己不行，什么都不想做，怎么办？

了解一下认知行为疗法吧！通过改变消极想法，调整行为，让我们找回内驱力。

认知重构：从积极角度想问题。

比如把“我肯定不行”变成“我可以试试”。

暴露疗法：逐步面对害怕的事情。

比如害怕在公共场合发言，就先尝试在小范围内发言。

技能训练：学习有关社交、问题解决方面的技能，提升自信。

给你支妙招 一对一问答

我每天都好郁闷，感觉自己真的抑郁了……

心里极度郁闷时，不要强迫自己做这做那。你要做的只有一个字——“养”，给自己一点儿时间，慢慢恢复。

先休息，别和自己较劲

- 别逃避，也别硬抗，别和自己过不去。
- 停止内耗，停止逼迫自己，你可以什么都不做，安心休息一下。

慢慢滋养内心的力量

- 做一些让自己开心的事。
- 顺其自然地接受情绪的产生，学着与情绪和谐共处。

沉迷游戏：我在虚拟世界找“完美人生”

我最近越来越沉迷于电子游戏了。我觉得游戏世界里什么都有，可以随心所欲地冒险、战斗、交友，让我暂时忘记现实中的烦恼。我甚至开始逃课，只为多玩儿一会儿游戏。每当我沉浸其中时，所有的烦恼仿佛都瞬间消散。

@李璇 12 岁

每次心情低落时，我都会去玩儿游戏，把所有的烦恼抛到脑后。游戏里的一切都那么完美，好像什么都可以重新开始。

@张宇 13 岁

我总觉得现实中的一切都不如意，一进到游戏里，我就感觉自己有了另一种人生。

@陈昱 14 岁

在游戏中，我总能得到认可和赞赏，这让我的内心充满力量。相比现实中无法控制的种种情况，游戏给了我成就感，让我觉得自己不再是个“失败者”。

嘿，了解一下游戏心理学——**心流理论**吧！

心流理论
“完美”是设计好的

心流是一种极致的专注状态。当你完全沉浸在某个活动中时，时间仿佛停滞，你忘记了周围的一切，只专注于手头的任务，觉得特别充实。

心流理论与电子游戏关系紧密，因为电子游戏设计的核心目标之一就是让玩家进入心流状态，获得沉浸感和愉悦感。

游戏中的心流体验

- **清晰的目标与即时反馈**

设定通关、升级等目标，行为会得到即时反馈。

- **完美的心理体验**

通过美术风格、音乐等营造美好的氛围，这种体验让你感到游戏世界很完美。

- **挑战难度适中**

难度随玩家水平调整，容易让人获得成就感。

- **全神贯注与忘我**

沉浸在游戏世界中，十分专注，忘却外界的变化。

为什么你在游戏里更容易找到“心流”？

1 对控制感的渴望

在现实中，父母的要求、老师的期望、朋友的情绪变化时常让你感到无力，一切好像都不在自己的掌控之中。而在游戏中，你似乎可以掌控一切。

2 对成就感的渴望

在现实中，努力未必能在短期内换来回报，但在游戏里，每一次升级、通关的结果都清晰可见，努力立竿见影。

3 情绪的释放

你面临学业压力、人际关系等烦恼时，容易感到焦虑或孤独。游戏不仅为你提供了一个释放情绪的出口，还能通过多人合作、社交互动等方式，让你找到归属感。

4 现实的“避风港”

现实的烦恼和压力让人喘不过气，游戏就像一个避风港，能让你暂时逃离现实，享受片刻宁静。

启动“游戏替代计划”

给你支妙招　一对一问答

我知道沉迷游戏不好，但又控制不住自己……

你可以试着设定每天的游戏时间，比如 1 小时。游戏结束后，起身散散步、做做运动，让自己慢慢从游戏中抽离出来，再去做其他事情。多尝试几次，就能逐渐找到平衡。如果担心坚持不下来，可以请父母帮忙监督。

其他事情都不能像游戏那样吸引我，怎么办？

试试将游戏中的心流体验带到现实中吧！

找到能让你专注的爱好。可以走出家门，去户外转转，或者尝试学习新知识。

给自己设定目标和奖励。做些有挑战但能完成的事，完成后给自己小奖励，收获成就感。

和大家一起行动。游戏里吸引你的不仅是玩法，还有和朋友在一起的快乐。你可以在现实中多和志同道合的人一起玩耍，参加集体活动。

追星＝堕落？青春期的精神寄托有错吗？

最近我迷上了一个偶像歌手，每天都会花时间听他的歌，看他的演唱会视频，甚至加入了粉丝后援会。然而，父母和老师却认为我“不务正业”。我心里很委屈。我觉得明星是我的精神寄托，追星能让我在忙碌的学习生活中找到乐趣和放松，这有什么错呢？

@赵小叶 13 岁

我的偶像不仅努力工作，还经常帮助别人。可父母觉得我追星浪费时间，让我把更多的时间用在学习上。

@王倩然 14 岁

我加入了偶像的应援群，每天设计海报、策划活动，又累又快乐。可别人觉得我“疯”了，是在做“无用的事”。可为自己喜欢的偶像出力，我觉得很有意义呀！

@宋浩轩 12 岁

有时候，偶像真的给了我很多动力。尤其是看到偶像通过努力改变了自己，我就会觉得自己也能做到。

先来了解一下**精神寄托**吧！

精神寄托
给内心一个支点

精神寄托是人们在面对生活中的压力、烦恼和挑战时，用来安慰自己、给自己力量的东西。它可以是一个人、一件事、一个爱好，甚至是一个虚拟的世界。

精神寄托在青春期的表现

追星

迷恋某个明星，关注他们的动态，收集他们的相关产品。

艺术爱好

通过绘画、音乐、舞蹈等表达自己的情感，展现自己的创造力。

运动

通过跑步、打球、跳舞等运动，释放压力，增强体质。

网络世界

酷爱某个网络游戏，或者在社交媒体上与志同道合的人交流。

宠物

与宠物之间的亲密互动，能缓解压力和孤独感。

阅读

沉浸在书中的世界，从书中获得启发和力量。

精神寄托在青春期的表现多种多样，但其核心都是为了让我们找到一个使自己感到快乐、放松并且能获得力量的东西。它能帮助我们更好地应对生活中的压力和挑战，促使我们的身心健康发展。

为什么追星会被认为是不务正业?

1 非理性追星行为

过度消费：你特别想支持偶像，因而可能会买很多相关产品或进行打榜投票，从而让自己或家人感到压力。

学业受影响：追星很有趣，但如果花太多时间，可能会影响学习。

沉迷于虚拟世界：你可能过度关注偶像的动态，从而忽视现实生活中的交流和互动。

2 不好的追星文化

粉丝冲突与网络暴力：你可能会让自己卷入与他人的争执和网络暴力之中。

“饭圈”乱象：追星行为逐渐体系化、职业化，你可能被卷入复杂的“饭圈”文化，迷失自我。

3 价值观偏差

片面追求明星的外在特质：你容易被明星的外在吸引，形成拜金主义、享乐主义等错误的价值观。

对偶像盲目崇拜：将偶像视为一切，过度依赖，忽视现实生活中的自我成长。

追星也要适度

给你支妙招 一对一问答

父母反对我追星，追星真的有错吗？

追星能带来快乐和动力，本身没错。父母之所以反对，是因为他们担心追星会影响你的学习和生活。可以和他们说清楚，偶像不仅是娱乐，更是你进步的动力，让他们看到追星对你成长的意义。

追星的时候，怎么才能避开那些“坑”呢？

保持理智

偶像也有缺点，不要盲目吹捧或全盘否定。独立思考，不被粉丝群体情绪裹挟。

谨慎消费

追星消费要量力而行，不能借贷或过度消费。警惕以偶像名义的诈骗活动。

杜绝网络暴力

尊重不同观点，不参与粉丝之间的争执或攻击他人的活动，保持理性。

明确边界

支持作品，尊重偶像隐私，不过度关注偶像的私生活。

班级群霸屏者：

聒噪背后藏着什么焦虑？

班级群里总是那几个人在“霸屏”，我觉得他们好烦。我根本融不进他们的圈子，这种感觉让我特别难受。我甚至开始怀疑，是不是自己的性格、能力或者价值观和大家不一样，才让我这么格格不入？

@ 刘俊敏 13 岁

@ 李娜 14 岁

班里有几个人喜欢组织活动，我却总是融不进去，只能偷偷羡慕她们。

班里有点儿风吹草动，他们的小道消息就一条接一条，听得我头大，却忍不住好奇：他们怎么什么都知道？

@ 任逸豪 12 岁

我的同桌和他的朋友总爱在群里吐槽各种事情，从食堂的饭菜到老师的作业，无所不谈，真想屏蔽他们。

别担心，我们来了解一下**“艾森克人格理论”**吧！

艾森克人格理论
青春期的"性格密码"

艾森克人格理论是英国心理学家艾森克提出的，它就像一把钥匙，能帮我们解开青春期的"性格密码"。青春期的我们，还在探索自己的个性，了解这些性格维度，可以帮助我们更好地认识自己，也能更好地理解身边的朋友。

艾森克人格理论的三种性格类型

外向 / 内向

外向的人喜欢热闹，内向的人喜欢安静。

神经质

情绪波动大的人神经质可能比较高，情绪稳定的人神经质比较低。

精神质

性格孤高的人精神质可能比较高，性格温和的人精神质可能比较低。

内向型

外向型

那些在群里活跃的同学，可能是因为他们有很强的"外向性格"，喜欢通过交流来获得满足感。而你可能更偏向"内向性格"，更喜欢安静的环境。外向的人从社交中获得内驱力，而内向的人则从独处中获得内驱力。

为什么你会觉得群里的活跃分子“好烦”？

1 对自我空间的需求

你可能是内向型性格，喜欢有自己的空间。当群里有人频繁发言，你可能会觉得被打扰，甚至觉得自己的空间被“侵占”了。

2 对自我性格的敏感

那些活跃的同学总是占据话题中心，你可能会觉得自己被边缘化了，从而有些不自信：“为什么我不能像他们一样活泼？”

3 对“过度分享”的不理解

你还在学习如何与他人相处，可能不太理解那些总是喜欢在群里分享的人。这种不理解会让你觉得那些活跃的同学“很烦”。

4 对“与众不同”的渴望

你希望被看到，希望有自己的独特之处。当群里总是那几个人在主导话题时，你可能会觉得自己没有展现的机会，从而产生一种抵触情绪。

你有自己独特的光芒

给你支妙招　一对一问答

Q 我看到别人组成小团体，总觉得自己不属于这里，怎么办？

别急着给自己贴“局外人”的标签。记住，内向和外向没有好坏之分。你有自己的优点，比如专心、思想有深度。每个人都有自己独特的光芒，不要因为别人的性格而否定自己！

Q 我真的受不了群里这么吵，怎么办？

这里有三招帮你解决烦恼！

★定时查看

每天固定三个时间点看群消息，其他时间专心做自己的事。

★静音魔法

准备一副耳塞，世界会瞬间安静下来。

★互相理解

他们只是用自己的方式表达热情，试着理解他们的性格。你可以偶尔参与一下，说不定会发现新的乐趣呢！

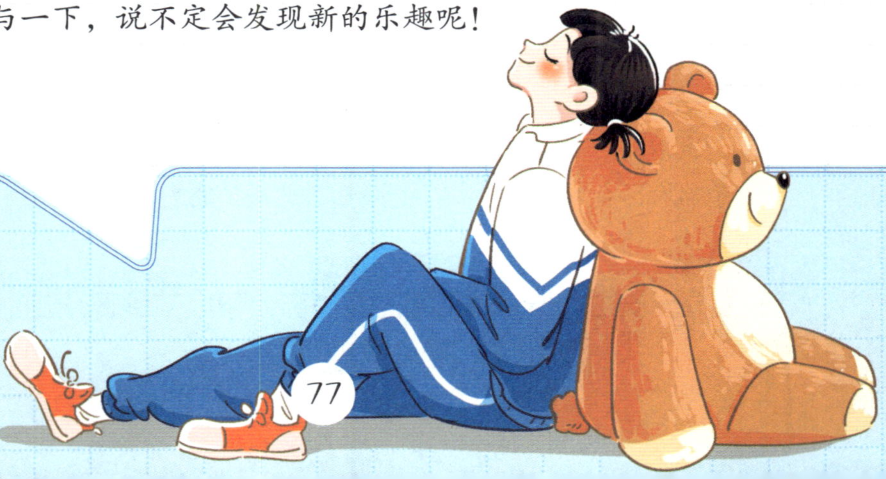

被好友“捅刀”：

青春期的第一课叫“背叛”

我非常信任朋友，把他当作“秘密树洞”，可他却总守不住秘密。每次秘密被泄露，我心里就像被狠狠刺了一下，那种被背叛的感觉真的难以接受。

@张雅婷 12 岁

我请同桌来家里玩儿，跟她说了些家里的事，没想到她居然告诉了别人，结果大家都用怪怪的眼神看我，让我又难过又尴尬。

@刘轩 13 岁

如果我的秘密被泄露，我觉得是自己的错。我不应该把秘密随便告诉别人。可有时真的忍不住想和别人分享。

@王博 11 岁

我以为他会保守我的秘密，可那次他还是把我的话告诉了别人，我真的很伤心，觉得自己交错了朋友。

别着急，先了解一下**刺猬法则**，它会帮你交到真正的朋友。

刺猬法则

互相取暖，而不是互相扎伤

两只刺猬在冬天想抱在一起取暖。但靠得太近身上的刺就会扎到对方，离得太远又会冻得瑟瑟发抖。所以，它们得找到一个刚刚好的距离，既能互相取暖，又不会被刺伤。这就是刺猬法则的核心 —— 保持合适的距离。

青春期的我们，朋友就是我们的“小宇宙”，我们把朋友当作最坚实的依靠。当信任的朋友做了让我们失望的事，就像“小宇宙”突然崩塌了一样，我们会觉得特别难受。

在交友中，我们要用好刺猬法则：既不能靠得太近，感觉被束缚住了；也不能离得太远，让对方觉得冷漠。找到那个“刚刚好的距离”，友谊才能更长久。

为什么受伤的总是你？

1 情感需求的驱动

你渴望被理解和支持，分享自己的秘密让你觉得和朋友更亲近，能得到认同。但有时候，这种分享也会带来伤害，尤其是当你信任的人没能守住这些秘密时，对你造成的心理上的打击就会加倍。

2 青春期的情感冲动

青春期的你情绪多变，情感和心理上的冲动往往比理智的判断更为强烈，比如为了和朋友保持亲密，或是为了得到认同，情感和冲动可能会让你忽视后果，泄露不该泄露的秘密。

3 朋友的无心之失

青春期的你们还在学习怎么处理朋友之间的关系，朋友可能还不太懂得怎么保守秘密。或者朋友可能觉得那些事情不算秘密，或者是在别的同学的追问下不小心说漏了嘴。但不管怎样，你还是觉得很难过。

给你支妙招 一对一问答

我把秘密告诉了最信任的朋友，结果他泄露了，我该怎么办？

首先，冷静下来，弄清楚他是不是故意的，说不定他是一时失误呢！你可以和他坦诚交流，告诉他你的感受。如果他真心道歉，愿意改正，你可以给他一次机会。如果反复发生，你可能需要重新审视这段关系。

我怎么才能避免秘密被泄露？

和刚认识的朋友聊天时，不要急着把所有的秘密都告诉对方，可以给彼此一点儿空间，慢慢靠近对方。和熟悉的朋友聊天时，也要避开那些敏感话题。适当保留一些隐私，实际上是在保护自己。

我该怎么调整自己的心态，可以不因为秘密被泄露而伤心？

伤心是正常的，但要学会放下。每个人都会犯错，我们不能对每件事都过度反应。调整心态，把更多的注意力放在自己能控制的事情上。

和异性自习＝早恋？

起哄背后的畸形青春期

我有一个从小玩儿到大的异性朋友，我们经常一起上自习。一次我们像往常一样坐在教室角落里，突然几个同学开始起哄，说我们是不是在谈恋爱。我顿时满脸通红，恨不得找个地缝儿钻进去。

@张梦婷 12 岁

我喜欢和他一起聊游戏，可每次别人起哄时，我心里就会特别紧张，怕他会觉得不舒服或者真的误会。

@陈福轩 13 岁

我一直觉得和异性朋友在一起很自然，但每次班上同学问我们是不是有点儿什么关系时，我就觉得好尴尬，不知道怎么应对。

@李泽辉 11 岁

我和一个女生是很要好的朋友，经常一起做作业、一起参加活动，可其他同学总是拿我们开玩笑，真的很烦。

别紧张，同学们的起哄也许只是一时的“**群体效应**”。

群体效应

跳出群体，重拾理性与智慧

群体效应就是当我们和一群人在一起时，会受到周围人的行为和言论的影响，做出和大家相似的行为或者产生相似的想法。这种影响可能是好的，也可能是不好的。

正面表现

如果你的朋友们都在努力学习、积极参加各种活动、尝试不同的兴趣爱好等，你就会觉得“我也要这样做”，从而跟着一起努力。

负面表现

如果大家都沉迷游戏、经常逃课、欺负其他同学等，你也会忍不住跟着一起做，即使你知道这对你的学习和生活有不好的影响。

大家看到你和异性朋友在一起时，出于娱乐和好奇，如果有一个人开始起哄，其他人就会跟着附和。这会让你感到紧张、不安，甚至会影响你的自信心。

和异性朋友一起时，为什么总会被“误会”？

1 同伴过度敏感

青春期的我们，对异性关系特别敏感，常带着“恋爱”的眼光看待异性朋友之间的互动，让朋友关系被放大审视。这些外界的眼光和评论，使你们难以保持单纯的友谊。

2 表达方式存在差异

男生和女生在互动时，各自的表达方式不同，可能你觉得只是普通交流，但别人可能解读为其他含义，因此产生误会。

3 情感期待不同

你把异性朋友当普通朋友，但对方可能有不同的想法或期望，导致你们对友谊的定义和期望不同，从而产生误会。

4 界限模糊

你和异性朋友相处时，或许对自己的感情有些不确定，无意中越过一些心理或行为的界限，而自己没察觉。别人容易误解你们之间的关系，给你们贴“标签”。

给你支妙招 一对一问答

Q 大家总是拿我和异性朋友开玩笑，我该怎么办？

首先保持冷静。可以和你的朋友一起表明立场，告诉大家你们只是朋友，不要做过多的解读。最重要的是你们自己对这段友谊的定义。如果这段友谊让你开心，那么就坚定自己的立场，和朋友保持自然的互动，不必为外界的误解而烦恼。

身体界限

适度的身体接触

避免过于亲密的行为，如拥抱或牵手，尤其在公共场合。

读懂身体信号

如果对方释放出不适的信号（比如往后退、避开接触等），应及时调整自己的行为，避免让对方产生压力。

心理界限

避免过度依赖

不要觉得对方是唯一的倾诉对象，保持一定的独立性。

情感界限清晰

如果你对异性朋友产生了超越友情的情感，需要理性处理，避免情感影响友谊或让对方困扰。

心理舒适度

相处时保持心理舒适，若感觉不自在，要及时调整相处方式。

朋友太优秀：

羡慕嫉妒恨是原罪吗？

朋友比自己优秀时，我心里总是有点儿“小别扭”，比如生闷气、不服气。我知道忌妒是很不好的情绪，可我就是控制不住自己。我不想因为忌妒而影响我们的友谊，但我真不知道该怎么办。

@陈明杰 11 岁

我的朋友成绩没我好，但她的作文写得很好，总是被老师夸奖。每当这时，我就很失落，甚至有点儿不想理她。

@李思思 12 岁

班里有个女生特别会打扮，大家都夸她有品位。每次看到大家围着她，我心里就觉得堵得慌，莫名觉得她有点儿讨厌。

@赵俊宇 13 岁

朋友在班里很受欢迎，大家都爱和他玩儿。我心里却想：“这有什么！”明知自己不如他，就是嘴硬，不肯承认。

没关系，这很正常。每个人都会陷入**“比较心理”**。

比较心理
真正的优秀是找到自己的赛道

比较心理是心理学中的经典理论。它认为人们会通过与他人比较来评估自己的能力和成就水平，从而获得自我认同和心理满足感。

青春期的我们，特别在意自己和别人的差距，尤其是和身边的朋友相比。当我们发现朋友在某些方面比自己优秀时，心里就会不舒服，甚至有点儿忌妒。由此可能产生一种“酸葡萄”的心理防御机制。

“酸葡萄”心理的表现

1 贬低目标价值

得不到的东西，就说“不值得”“不好”，从而安慰自己。

2 忌妒他人

看到别人成功，就贬低对方的成就，缓解忌妒心理。

3 自我安慰

告诉自己“得不到的东西不重要”，以获得心理平衡。

为什么你会“酸”朋友？

1 自我认同的迷茫

青春期的我们为了确认自我，会不自觉地拿自己和朋友比较。当看到朋友比自己强时，忌妒的情绪就冒出来了，这其实是因为你在寻找自我价值。

2 社会和家庭的压力

社会和家庭的期待也可能让你感到有压力，比如父母总是拿你和别人比较，会让你更加敏感，内心的不安就会加剧，觉得是自己不够好。

3 对关注的渴望

你渴望得到认可和关注。当你看到朋友在学业或外貌等方面获得更多的关注和赞扬时，内心会觉得对自己的关注或认可“被剥夺”了。

4 竞争意识增强

你在学业、社交或兴趣爱好等方面存在竞争意识。当朋友在这些领域表现出色时，你可能会不自觉地将自己与朋友进行比较。

给你支妙招 一对一问答

Q 我总是觉得别人比我更出色，怎么办？

别让“别人更好”困住你，每个人都有不同的闪光点。你可能擅长表达、动手能力强，或者在某些时刻能给别人温暖，这些都很棒！关键是找到自己的“宝藏技能”，而不是一直盯着别人的亮点。

Q 我看朋友做得很好，心里有点儿忌妒，怎么办？

忌妒不一定是坏事，它能帮你发现可以变得更好的地方。把这种情绪转化为动力，问问自己：“朋友那么优秀，我能学到什么？”你会发现，忌妒情绪会逐渐变得不重要，取而代之的是一起分享成果和庆祝胜利的喜悦。

Q 可是我还是会忍不住去比较，怎么办？

你可以试着把注意力从“比较”转移到“自我成长”上。比如，制订一个小目标，专注于提升自己的能力，而不是和别人比较。

遭遇孤立：

没有小团体就活不下去吗？

不知道怎么了，大家好像都在有意无意地避开我。我也不知道自己做错了什么，难道是我太吵了，还是哪里惹他们不开心了？我每次想问，又怕被他们嘲笑，心里特别委屈。我感觉自己像个局外人，被大家排斥在外。

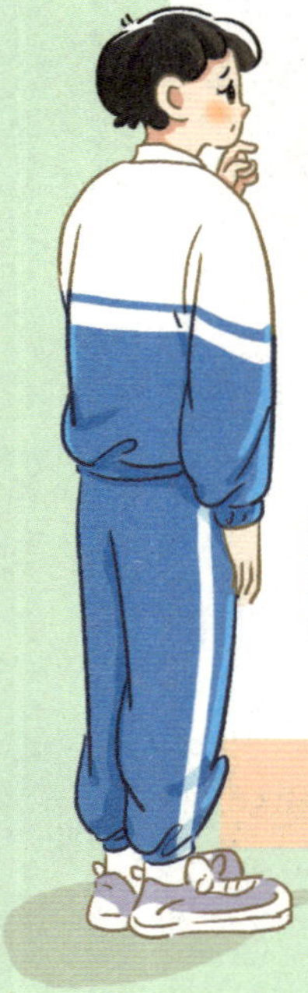

@赵颖 12 岁

同学们在一起聊天，我试着加入，可我一开口大家就突然安静下来，气氛特别尴尬。

@林晓宇 11 岁

班级活动时，大家不仅不再像以前那样邀请我一起玩儿，反而都开始躲着我。我感觉自己好像不在他们的圈子里了。

@李浩 13 岁

有一次，我在班上说错了话，现在同学们都避着我，没人愿意和我坐一起。我心里特别难受，真想找个地方躲起来。

先别急，了解一下人际关系中的**吸引规律**吧！

人际吸引规律

找到对的人，遇见更好的自己

人际吸引规律是根据心理学家的研究和人际交往的经验总结出的规律，包括接近吸引律、光环吸引律、互补吸引律、对等吸引律等。这些规律帮助我们理解为什么有些人能迅速交上朋友，而另一些人则容易被孤立。理解这些规律，可以让我们更好地应对社交挑战，减轻孤独感。

接近吸引律

人们倾向于喜欢与自己相似的人。如果兴趣爱好不同，就容易感到孤独。

光环吸引律

如果一个人在能力、特长、品质等方面比较突出，就会吸引人们与其交往。

互补吸引律

性格或能力互补的人容易相互吸引，但如果差距过大，也会感到难以融入。

对等吸引律

人们更容易对喜欢自己的人产生好感。因为大家都希望被别人肯定、接纳和认可。

为什么你会感觉被孤立呢？

1 沟通方式问题

表达方式不当：说话过于直接或尖锐，可能会无意中伤害到他人，导致别人对你产生抵触情绪。

缺乏倾听：只关注自己的想法，不善于倾听他人的意见和感受，让别人觉得你不尊重他们。

2 兴趣爱好差异

兴趣单一或与众不同：自己的兴趣爱好与同学或朋友相差较大，找不到共同话题。

缺乏参与感：不积极参与集体活动，容易被大家视为“局外人”，进而被孤立。

3 社交圈子问题

缺乏融入感：刚进入一个新的社交圈子时，你可能会因为不熟悉环境和没有熟悉的人而感到不适应，进而被大家视为“外来者”。

圈子排外性：有些圈子可能存在一定的排外性，你可能会被排斥在外。

4 误解与偏见

被误解：因为一些误会或偏见，被别人误解为“不好相处”或“有问题”，从而被孤立。

标签化：被贴上了“孤僻”“不合群”的标签，即使你后来有所改变，也很难摆脱这种刻板印象。

给你支妙招 一对一问答

我总感觉自己被孤立了，怎么办？

不要把“孤立”当作一种绝对的标签。试着与朋友们沟通，听听他们的想法，表达自己对彼此关系的态度。把这种孤立当作一次自我成长的机会。

我该如何面对被同学排挤的感觉？

保持冷静和自信最重要。你可以给自己一点儿时间，逐渐深入与其他朋友的交流。与此同时，培养自己的兴趣爱好，做一个更优秀的人，这样自然会吸引更多认可你的人。

我总觉得自己不被需要，怎么办？

产生不被需要的感觉，往往是因为过于依赖外界的认同。试着从自己的内心寻找满足感，而不是过度依赖别人的关注。也许你可以通过帮助他人、参加更多活动来消除这种感觉。

全班都在“卷”：青春就该沦为刷题机器？

同学们都忙着去补习班、做习题，大家都在“卷”学习。可是，我却越来越觉得这样的青春很无聊。“难道青春就只有学习吗？为什么不能做点儿自己喜欢的事？”

@刘浩然 11 岁

我觉得大家都在讨论作业、考试，完全没别的话题可以聊。每次我想和他们聊点儿别的，他们都不太感兴趣，甚至有点儿排斥我。

@齐泫雅 12 岁

我喜欢电影，但每次想和同学们聊聊电影时，他们总是不感兴趣。而他们聊的内容，我也不喜欢。难道我们真的生活在两个世界里吗？

@陈晓 14 岁

同学们都在拼命学习，生怕被落下，可我觉得自己“卷”不动了，每天重复枯燥的学习，我真想大喊：“我好累呀！”

先了解一下**自我决定理论**吧！

自我决定理论
跟着感觉走，随心而动

自我决定理论认为，人类有三种基本的心理需求：自主性、胜任感和归属感。当这些需求得到满足时，我们就会感到快乐、有动力；反之，就会感到沮丧、无聊。

正面 **反面**

自主性
觉得自己能掌控自己的生活

当你能自己做决定时，你会感到很开心。

当你被父母或老师强迫做某件事时，你会感到很烦，甚至会反抗。

胜任感
觉得自己有能力完成某件事情

当你在某件事情上取得成功时，你会很有成就感。

当你在某件事情上失败时，你会感到很沮丧，甚至怀疑自己。

归属感
觉得自己是某个群体的一部分

当你和朋友在一起时，你会觉得自己不孤单。

当你和朋友闹矛盾时，你会感到很孤独，甚至会难过。

为什么你开始抗拒学习？

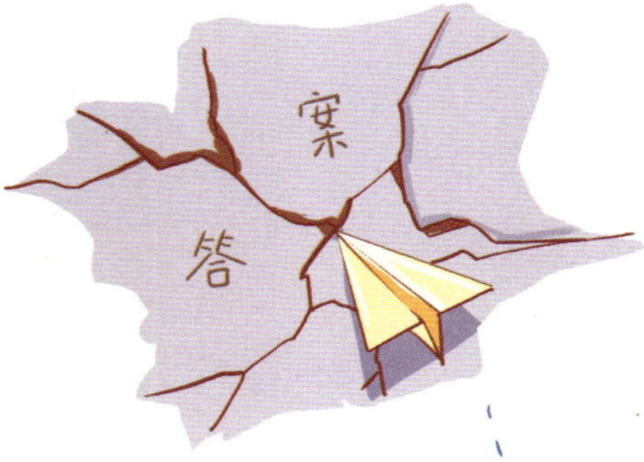

1 追求自主性和多样性

青春期的我们，对生活充满了好奇心和探索欲，但当学习成为唯一的目标时，这种探索欲可能被压抑。自己的生活被学习填满，缺乏自主性和多样性，导致内在动机缺失，从而觉得无聊和迷茫。

2 独立思考能力增强

你逐渐有了自己的看法，会关注一些更深层的内容，开始思考自我价值和人生意义。当这些思考得不到满足时，便会觉得无聊和迷茫。

3 追求个性和独特性

你开始发现自己有了独特的兴趣和风格，不再从众。你对自己的要求更高，可能会更想和志同道合的人讨论有趣的东西。

4 学业和家庭的压力

随着学业压力增大，同学们的关注点都围绕作业和考试，而父母又总是强调“学习是最重要的”。这让你觉得生活单调、乏味，从而失去青春的活力。

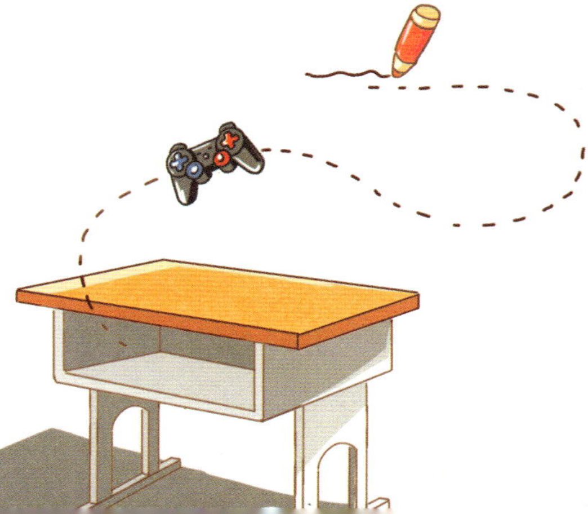

给你支妙招 一对一问答

同学们都在“卷”学习，我不想卷进去，该怎么办？

首先，没必要觉得自己不“卷”就不够好。每个人的兴趣和安排事情的优先级不同，你可以试着找到与你的兴趣相关的话题，比如电影、书籍、旅行，甚至是有趣的生活小事。你会发现，总有同学愿意和你聊别的事情。

我真的觉得这样的青春好无聊，怎么办？

你可以试着给自己安排一些“专属时间”，每天抽出半小时到一小时做自己喜欢的事。比如画画、打篮球、听音乐，或者和朋友聊聊天。这样，你的生活就不会只有学习了。

如果做学习之外的事，我担心父母会不同意……

你可以和父母沟通一下，告诉他们你需要一些时间来放松，这样学习效率会更高。父母通常会理解的。

七科压顶："10 后"的“知识焦虑”如何破？

以前只有几门课，学起来很轻松。现在课程一下子多了好多，数学公式没背完，英语单词没记住，物理实验得准备……每天忙得团团转，我感觉快撑不下去了。我试着做学习计划，规划时间，但还是一团乱麻，感觉自己快被这些学科淹没了。

@孔浩宇 14 岁

每当看到时间表上密密麻麻的复习计划，我就有点儿不知所措，感觉无从下手。

@张明仪 12 岁

一科又一科的知识点让我晕头转向，明明记住了一些，可总觉得遗漏了什么。

@李佳 13 岁

我想放弃一些科目，但又怕影响成绩。我真的不知道该怎么办了，感觉压力好大。

也许你遇到了**干扰效应**。

干扰效应
在纷扰中找到专注的力量

干扰效应是指在交替执行两项或多项任务时，可能会对最终结果产生影响的现象。这种效应在学习中尤为明显，尤其是当学科数量增加时，我们可能会感到难以兼顾。

干扰效应的表现

- **前摄干扰**

  已有的知识或记忆会干扰对新知识的学习。比如，你已经学了数学公式，再学物理公式时，可能会因为之前学的数学内容而分心，导致物理公式学得不扎实。

- **倒摄干扰**

  新学习的内容会干扰之前学过的内容。比如，在刚学完语文课文后接着学英语单词，可能会忘记之前背诵的课文。

明白干扰效应，我们就可以更好地制订学习计划，减少学科之间的相互干扰，提高学习效率。

为什么你会碰到学科“干扰”？

1 时间管理的困难

学科增多意味着作业量增加。很多时候，你会发现自己分不清哪些学科的作业该先完成，哪些该后完成，常常感到“时间不够用”。这种时候，压力就会积累，甚至让你有点儿想放弃。

2 适应新科目的挑战

很多新学科需要你掌握全新的知识和技能，你一时半会儿不能适应这类学科的学习方式，会觉得很困惑。

3 复习压力加大

随着学科变多，考试的内容和范围也更广，复习压力也变得更大。尤其是在期中、期末考试时，可能会感觉没有时间复习每一门学科，担心有些知识点会漏掉，最后导致考试成绩不理想。

4 失去自信的焦虑

在面对众多科目的压力时，可能会有“自己做不到”的想法。觉得自己无法兼顾这么多学科，甚至觉得有些科目永远都学不好。这种焦虑会让你失去信心。

Q 学科增多后，我该如何避免干扰效应？

你可以试试下面的方法：

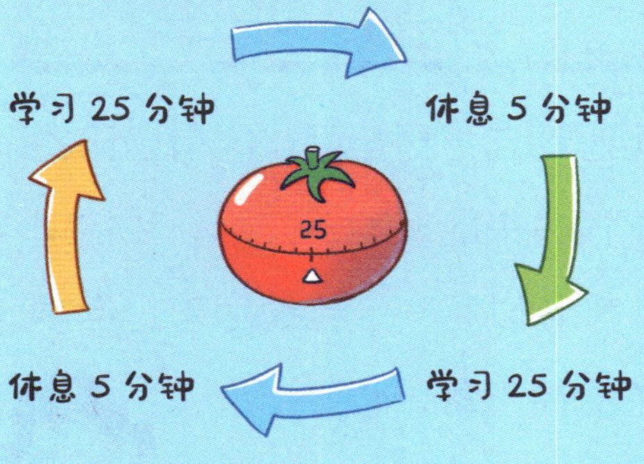

分块学习

将学习时间分段，每段专注一门学科。文理科交错进行，避免前摄干扰。

专注单一任务

学习一门学科时，收起其他科目的资料，只专注于当前内容。

定期复习

定期复习旧知识，减少对新知识的前摄干扰；学习新内容前，先复习旧知识，减少倒摄干扰。

Q 如果我觉得某一科特别难，怎么办？

遇到难的科目不要怕，分析问题，调整方法，一步一步来，你一定可以克服困难的！

分析问题

先明确这门学科难在哪里，然后针对性解决。

调整学习方法

可以运用多种学习工具进行学习。另外，不懂就问，多向老师或者同学请教。

分步学习

把难的内容或科目分成小块儿。比如可以每天掌握一个数学知识点，做几道题。

兴趣班“魔咒”：三分钟热度有错吗？

因为喜欢，也想让自己更全面，能有自己的特长，所以我报了很多兴趣班。一开始，我特别兴奋，满心期待，想着以后一定会很厉害。但学了几天，我就开始觉得无聊，心里打起了退堂鼓。我知道这样不好，但就是没办法坚持。

@李文 12岁

每次一开始学新的东西，我都很兴奋，觉得自己一定会成为高手。但是学着学着，就感觉很难，觉得自己根本做不到。

@王婷 13岁

我学过钢琴、画画、游泳，甚至还去学过几次跆拳道，结果每个都没学久。总觉得自己没有耐心，做什么都做不了太长时间。

@张宇 11岁

总是想着自己要多才多艺，可上了这么多兴趣班，哪一项都没学好，真的很自责，觉得自己没用。

你可能遇到**新奇效应**和**半途效应**啦！

新奇效应 & 半途效应

只要多坚持一下就能看见惊喜

新奇效应就是当你碰到新鲜事物、来到新地方或用上新技术时，会特别感兴趣，注意力也特别集中，但过不了多久，这种兴趣就会消失。

半途效应是指在追求目标过程中，当进行到一半时，心理和环境因素相互作用，对目标行为产生负面影响。事实表明，人们往往会在中途遇到困难、感到疲惫或失去动力时放弃目标。

半途效应和新奇效应在我们的兴趣学习中尤为常见，具体表现为“三分钟热度”：一开始学习热情高涨，但很快失去兴趣，最终放弃。

为什么你总是出现“三分钟热度”？

1 目标不合理或不明确

有时你报兴趣班并非出于真心喜欢，而是受他人推荐或看到别人玩儿得开心，加上你给自己定的目标不切实际，于是遇到一点儿困难就想放弃。缺乏明确目标和动机，就容易在过程中失去动力。

2 追求快速成效

在开始学新东西时，你可能太想看到立竿见影的结果，在遇到一点点困难时，就容易放弃，觉得“这不适合我”或者“我做不到”。

3 缺乏耐心与意志力

任何技能的提升都需要持续投入，短期内难见成效。学习目标的达成也不是一蹴而就的。若缺乏持续投入的耐性和应对挫折的韧性，往往会在困难面前放弃前行。

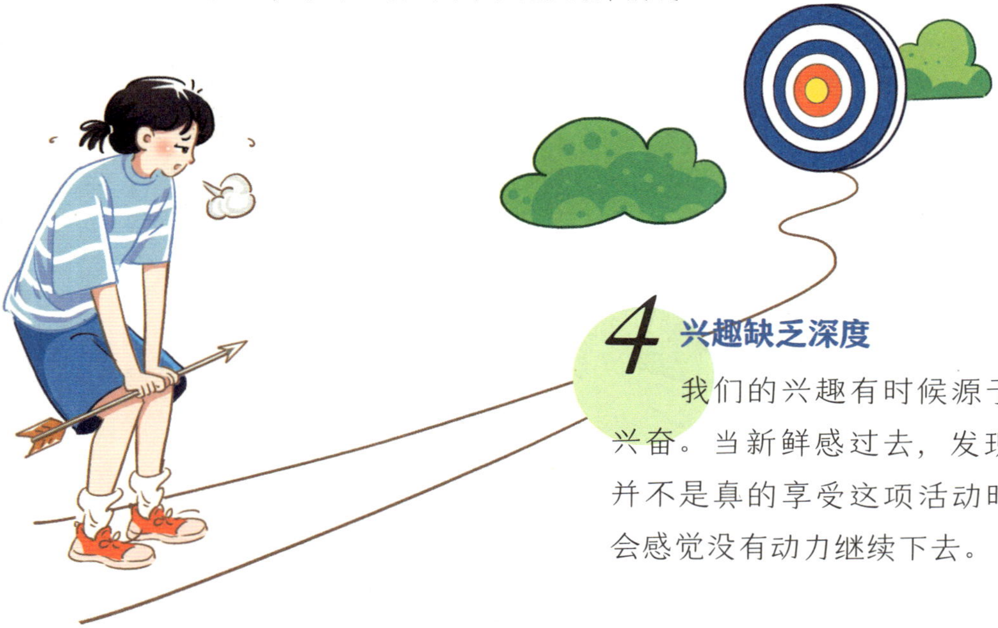

4 兴趣缺乏深度

我们的兴趣有时候源于一时兴奋。当新鲜感过去，发现自己并不是真的享受这项活动时，就会感觉没有动力继续下去。

学会SMART原则设立目标

给你支妙招 一对一问答

Q 总是想快速看到结果，怎么办？

学习不能急于求成。试着把目标一个个分解，每完成一个就奖励自己，享受过程。每一步都是成功的积累，慢慢来，你行的！

Q 我明白设定兴趣学习目标的重要性，那具体该如何操作呢？

你可以试试 SMART 原则。

S 具体（Specific）

目标明确，如明确不是“我想学画画”，而是“三个月内学会风景画”。

M 可衡量（Measurable）

目标量化，有具体标准，如“每周完成一幅风景画的草图并自我评估”。

A 可实现（Achievable）

目标现实，如初学者先从简单的风景画开始，逐步提升难度。

R 相关性（Relevance）

目标与学习计划或生活目标相关，如把目标设定为提升艺术修养。

T 时限性（Time-bound）

目标的完成有明确时间限制，如“三个月内完成简单风景画”。

讨厌任课老师：

我的厌学情绪谁来负责？

因为不喜欢这个老师，这门课在我眼里变得索然无味，上课成了煎熬。我甚至觉得这门课不重要，由此产生了抵触情绪。虽然我不会逃课，但每次上课都让我烦躁不已，真不知道是自己的问题，还是老师的问题。

@吴燕妮 11岁

语文老师讲话的语气、讲课的方式，我完全没兴趣，每次坐在教室里，我都觉得时间过得特别慢，每一分钟都是煎熬。

@周凯迪 12岁

我跟这个老师不太合拍，总是觉得他很严厉，对我的问题反应很冷淡，渐渐地，我就不想再上他的课了。

@马悦 13岁

坐在教室里，就像被关在笼子里。再加上老师讲课的风格枯燥无聊，我根本没办法集中注意力。

也许你陷入了**晕轮效应**！

晕轮效应
一点“偏”，莫遮“全”

晕轮效应，也叫“光圈效应”，就是说当我们对一个人的某个特点有了好或坏的第一印象后，就会像戴了有色眼镜，觉得他的其他方面也都是好的或坏的。简单说，就是“爱屋及乌”或“一坏百坏”。

具体表现：

喜欢一个人时，你会觉得他浑身上下都是优点，就算有点儿小毛病，你也会觉得那是可爱的。

不喜欢一个人时，你会觉得他哪儿都不顺眼，哪怕他做了好事，你也会觉得那是偶然的。

晕轮效应在我们对老师的态度上表现得尤为明显，当我们对某个老师产生不喜欢的情绪时，这种效应会进一步放大，导致我们不仅不喜欢这个老师，甚至会讨厌与这个老师相关的所有事物，包括这门课。

为什么你会不喜欢某个老师的课？

你的问题

晕轮效应的影响：

- 因为没完成作业，老师批评了你，你就不喜欢上他的课了。
- 英语成绩一直不好，你就很讨厌英语老师。
- 老师上课总是提问，让你感到压力很大，就不想学这门课了。
- 听同学说这个老师很严厉，就认为他的课堂很枯燥。
- 看到老师穿得很不讲究，就认为他讲课一定很随意。

老师的问题

那些让人不想听课的讲课方式：

- 老师完全按照课本念，枯燥乏味。
- 老师的语言平淡无奇，没有感染力。
- 老师一直在讲，不给学生互动或思考的时间。
- 课堂上总是让固定的几个学生回答问题。
- 老师过分挑剔或随意嘲讽学生。

找回学习状态有方法

给你支妙招 一对一问答

Q 就是不想上英语老师的课，怎么办？

换一种心态，理解老师的风格，试着发现科目的趣味性。也可以主动沟通，有疑问就问，有误解就说，说不定在这个过程中，你对他的印象会变好呢。记住，老师只是学习引导者，学习主角是你自己，就算不喜欢老师，也不能放弃这门课。

Q 我成绩不好，是不是因为老师不好？

成绩受多种因素影响，老师只是其中之一，比如教学风格不适合你或没关注到你的学习情况。但这不意味着老师不好，只是你们之间需要更好地沟通和磨合。

Q 有没有什么方法可以提高我对课堂的兴趣？

试试以下方法，说不定你就会慢慢喜欢上课了。

找兴趣点

在课堂上找感兴趣的部分，让课堂不再无聊。

互动提问

不懂就大胆提问，既能弄懂问题，又能让课堂更有趣。

做笔记

记下老师讲的重点，帮助集中注意力，复习时也方便。

和同学互动

与同学讨论课堂内容，增加学习乐趣，有助于理解知识。

课后复习

及时复习，巩固知识，加深记忆，提升下一节课的信心。

考试恐惧症：
想逃离地球的何止你一个

平时应对小测试游刃有余，但是一到重要的考试就紧张、慌乱，甚至身体会难受，比如头疼、失眠等。我也尝试用过一些方法来克服，比如睡不着时，用腹式呼吸、冥想、保持科学睡姿、听轻松的音乐等方式助眠，但很可惜，这些招数对我通通无效。

@董琳琳 12 岁

明明已经练习过无数遍，但一到考试脑子就一片空白，什么都想不起来。

@王锐涵 10 岁

明明在考前的每一次小测中都成绩优异，但正式考试时却答得一塌糊涂。

@李佳琳 11 岁

考试前我总是紧张得睡不着觉，虽然认真复习过了，但还是觉得我会失误，没有记住知识点。

也许你陷入了“**克拉克魔咒**”。

克拉克魔咒

越努力，越要从容

澳大利亚著名长跑选手——罗·克拉克，曾 17 次打破 5000 米和 10000 米的世界纪录。在世人眼中，他是出类拔萃的优秀运动员，是田径场上的奇才。然而，在他运动生涯巅峰时期的两届奥运会上，他却发挥失常，与金牌无缘。后来，这种平时成绩优异，但在重大比赛中发挥失常的情况就被称为“克拉克现象”，又称“克拉克魔咒”。

“克拉克魔咒”不仅仅存在于体育比赛中，也存在于我们人生道路中的许多时刻，比如演讲比赛、升学考试等。因此，我们要打破这种魔咒，学会给自己的心理“减负”，用“空杯心态”来应对考前压力。

为什么你会陷入“克拉克魔咒”呢？

1 对自己要求太高

你就像一个追求完美的小天使，总想着要考个超级无敌好的成绩。要是没做到就感觉世界末日到了。这种高要求会变成巨大的压力。

2 害怕考不好被批评

可能在家里或者学校，你周围的人过于在意考试成绩。要是考不好，你就会听到爸爸妈妈的唠叨，或者老师的叹气。这种担忧就像小虫子一样，在你心里爬来爬去，让你紧张害怕。

3 太在乎结果

你可能过度关注考试的排名，过度关注老师和同学的看法。其实，在学习过程中的努力和收获才是你最值得关注的。

4 缺乏自信

有时候你可能对自己没那么有信心，总觉得没复习好，或者不如别的同学聪明。这种不自信在考试的时候就会变成紧张的情绪，让你害怕面对试卷。

给你支妙招 一对一问答

我总觉得不考满分就很失败，怎么办？

你可以尝试降低对考试成绩的预期，设定合理的目标。比如，平时成绩一般在 70 分左右，那么你可以把目标设定为提高 5～10 分，这个目标通过努力是可以实现的。

我担心考试成绩太差而遭到大家的嘲笑，怎么办？

你要调整心态，专注于你能控制的事情。比如，自己制订的复习计划是否完成，是否每天坚持做运动，早睡早起，不熬夜，等等。

我从来没有考好过，这次考试肯定也一样。

如果认真备考，做到心中有数的话，你就会对自己更有信心。比如，制订复习计划，包括当下每日的小计划，必要的时候还可以做 B 计划，以防一些突发情况。

拼命学不会：我可能真是“笨小孩”

我每天早上最早到教室，晚上最晚离开，课间也在刷题、复习，可考试成绩还是不理想。看着试卷上的分数，我忍不住想自己是不是太笨了，甚至觉得自己可能永远也追不上别人。这种感觉真的很糟糕，我不知道该怎么办才好。

@许安宴 13 岁

@林冰萱 12 岁

那些知识点，别人轻轻松松就能记住，而我努力背了几遍都没记住，真的很沮丧。

每次考试后我都会整理错题，但是过一段时间，我还是会忘记。我怎么学都学不好，真的觉得自己很失败。

@朱念安 11 岁

我比其他同学付出了更多时间和努力，但成绩总是比他们差，感觉自己怎么努力都没用。

别慌，你这是陷入了“**习得性无助**”的泥沼。▶▶▶

习得性无助

不要放弃，世上就没有过不去的坎儿

习得性无助是指一个人在经历了多次失败或挫折后，觉得自己无论怎么努力都改变不了现状，从而产生一种无助感和自我怀疑。它的典型表现有以下几点。

认知设限

形成“我不行”的思维定式，不敢尝试新事物。

情绪低落

长期处于消极情绪中，缺乏动力和信心。

行为被动

面对困难望而却步，甚至出现“破罐子破摔”的心态。

“习得性无助”这个概念是由美国心理学家塞利格曼提出的。他发现，当动物在反复受到无法逃避的电击后，即使后来有机会逃避，也会因为之前的经历而放弃尝试。人类也有类似的心理反应，尤其是在长期面对看似无法改变的困境时。

但是，努力和成绩之间并不是简单的因果关系。学习是一个复杂的过程。有时候，不是你不够努力，而是方法不对或者身体状态不好。

为什么你很努力，但就是学不好？

1 学习方法不对

你可能一直在用传统的学习方法，比如死记硬背，或者题海战术。由于方法不对，虽然自己很努力，但效果却不理想。

2 “记忆地图”没被激活

我们大脑里有一张“记忆地图”。学习时，如果这张地图被激活了，比如将学习内容和自己的经历联系起来，你就会记得特别牢。

3 没找到合适的学习节奏

每个人的学习节奏都不一样，有的同学适合早上学习，有的同学适合晚上学习。如果你没有找到适合自己的节奏，就会感觉学习很累，效果也不明显。

4 缺乏适当的休息

很多人会长期熬夜学习，这样会让大脑疲劳，影响记忆和思维。学习是一个持续的过程，适当的休息能帮助你保持高效的学习状态。

办法总比困难多

给你支妙招 一对一问答

Q 我真的已经很努力了，为什么还是学不好？

努力是好事，但也要注意方法。你可以试着调整一下学习方法，比如制订一个合理的学习计划，每天给自己设定一个小目标，完成后给自己一个小奖励。这样，学习会更有动力。

Q 如何找到适合自己的学习方法？

关键在于多尝试、多思考，这里举几个适合视觉型学习者和听觉型学习者的学习方法。

视觉型学习者

喜欢用眼睛学习，对图像、表格、颜色和文字更敏感。

- **表格和图像**

  用思维导图、流程图、表格等工具整理知识点。

- **颜色标记**

  用不同颜色的笔做笔记，突出重点内容。

- **视觉化记忆**

  把文字内容转化为图像或场景，帮助记忆。

听觉型学习者

喜欢通过听来学习，对声音和语言更敏感。

- **听讲解**

  听老师讲解，听有声读物或播客。

- **录音**

  把课堂讲解或学习内容录下来，课后反复听。

- **讨论和讲解**

  和同学讨论学习内容，尝试把知识点讲给别人听。

手机成瘾："10 后"注意力被谁偷走了？

明明在写作业，可心里总是惦记着手机里是不是有新消息。我每次都告诉自己"再看最后一眼"，结果一刷就是半小时。等回过神来，作业还一点儿没动。我是不是没救了？

@小李 12岁

周末在家，我本来想好好看看书，学学新知识，结果一拿起手机就什么都忘了。

@赵磊 11岁

我已经习惯了每天花很多时间在手机上，甚至连吃饭、和人聊天时都忍不住拿着手机，感觉自己被手机控制了。

@王梦蕾 13岁

我每天都跟自己说"今天得少玩手机"，可一放学就抱着手机不放，作业一点儿都没动。

对于这种现象，我们来了解一下"**延迟满足**"吧！

延迟满足

会等待的孩子更容易成功

延迟满足是指为了更大的、更长远的回报，能够主动放弃即时的、短期的满足的自制能力。这种能力反映了一个人的自控力和耐心。

	即时满足	延迟满足
行为表现	冲动、缺乏耐心	冷静、有耐心
心理机制	追求眼前利益，缺乏对未来的规划	追求长远利益，具有自我控制和规划能力
结果	获得短期的快乐，但可能带来长期的后悔和损失	失去短期的快乐，但最终会获得更大的长远利益

核心要点

- 追求延迟满足的人，能克制冲动，忍住眼前诱惑，换取更大的回报。
- 延迟满足能反映自控力。自控力强的人更能抵制诱惑，坚持目标，更容易成功。
- 追求延迟满足的人往往能在学业、事业和人际关系方面有更好的表现，因为他们专注于长期目标，不被短期诱惑左右。

为什么你会“手机成瘾”？

1 对即时奖励的追求

在社交媒体上获取信息、聊天等都会带来快速的满足感，这种满足感会刺激大脑分泌多巴胺，让我们感到愉悦。相比之下，学习带来的满足感往往是迟缓的，比如考试成绩的提高、知识积累更丰富等，这就让我们的大脑更倾向于选择即时满足。

2 对新鲜事物的追求

青春期的我们好奇心和探索欲特别强，对新鲜事物非常感兴趣。在社交媒体上获取信息、聊天等正好能满足我们这种好奇心。

3 对过程缺乏兴趣

学习需坐在书桌前反复练习和思考，相对比较枯燥、单调，尤其是当学习内容难度较大或者对其不感兴趣时，我们更容易分心。

4 自控力发展中

青春期的我们自控力还不够强，容易被即时的满足感吸引，从而形成依赖，无聊或不开心时就想看手机。

3招让你放下手机

给你支妙招 一对一问答

一做作业就想玩手机，怎么办？

你可以培养自己延迟满足的意识。比如设定目标和奖励机制：每完成一项任务，就给自己一个小奖励，比如玩几分钟手机。通过这种方式，慢慢体会完成任务的成就感，提高专注力。

我已经习惯了玩手机，根本无法集中精力做其他事情，怎么办？

你可以把手机调成“免打扰模式”，这样就不会被消息提示打扰了。如果实在忍不住，可以设定一个查看频率，比如每小时看一次手机。

我还是控制不住，就想玩手机，怎么办？

这里有三个步骤帮你放下手机：

◎ **设置玩手机的时间**

每天只用1个小时玩手机，时间到了就放下手机，去做别的事。

◎ **寻找替代活动**

想玩手机时，去做其他有趣的事，比如运动、画画或和家人玩游戏，你会发现生活有很多乐趣。

◎ **自我鼓励**

每次按时放下手机，就鼓励一下自己，比如“我今天又做到了”，增强信心和动力。

成绩≠通行证：
男女交往的边界指南

我是老师和同学们眼中的“学霸”。最近，我收到了一封情书，里面写道：“我一直很佩服你的成绩和努力，希望能和你一起学习，一起成长。”我心里有些小鹿乱撞，但又怕影响学习，内心很纠结。

@王雪梅 13 岁

我偷偷观察过班里那些互有好感的同学，还听一些朋友讲过他们的小心思。我觉得只要不影响学习，谈恋爱应该没关系吧？

@李庭浩 14 岁

我感觉自己好像遇到了爱情，但又不敢说。我不懂为啥父母对恋爱这么敏感，我们又不是恋爱脑，能处理好学习和感情。

@赵婷 12 岁

每次心情不好，脑海里就会浮现他的样子，这是恋爱的感觉吗？看到电视上的情侣那么甜，我也好想谈恋爱呀！

青春期男生女生互相仰慕、吸引很正常。先了解一下**异性效应**吧。

异性效应
在差异中一起闪闪发光

异性效应，就是当男生和女生一起合作时，会互相影响，产生一些特别的效果。这种效应在很多方面都有体现，比如学习、工作、社交等。这是因为异性之间的相互吸引和竞争，会激发彼此的潜能。

青春期的我们，对异性充满好奇和兴趣，异性效应在这个阶段表现得尤为明显。

增强学习动力

男生和女生一起学习时，为了在对方面前表现得更好，会更加认真，从而激发学习动力。

提升社交能力

男生和女生一起合作，会更注意自己的言行举止，能够促使双方在互动中提升自信和社交活力。

促进情感发展

男生和女生之间的相互吸引，会让我们更加关注对方，更好地了解自己和异性，为将来的感情生活打下基础。

为什么学习成绩好 ≠ 可以谈恋爱呢？

恋爱并不是一件简单的事情，它需要我们有成熟的情感认知和足够的责任感。青春期，我们的大脑和认知能力尚未完全成熟，可能难以处理这种复杂的情感。

1 情绪波动过大

喜欢一个人会带来很多情绪波动，比如在一起的甜蜜和可能出现的烦恼。这些情绪波动会让你很难集中精力去学习，没办法理性思考和解决问题。

2 无法专注

当你在上课或做作业时，脑海中可能充斥着和对方相关的事情，这会导致你的大脑无法全力投入学习中，造成理解力和记忆力下降，学习效率变低。

3 优先级混乱

喜欢一个人会改变事情的优先级。原本优先考虑的是学业，现在变成了心理情感。你可能会花更多时间和精力去关注和对方相关的事情，从而忽略了学习中的重要任务。

找到情感的平衡点

给你支妙招 一对一问答

Q 过早恋爱会对我们产生哪些影响？

青春期的你们身心发展尚未成熟，亲密关系可能带来双重效应：积极的情感或许在短时间内会提升一下成绩，但情绪波动、时间分配等问题也会随之而来。建立健康的交往模式——设定共同成长目标、保持适度边界、学会情绪管理，才能让青春期的美好情愫成为进步的助力而非阻力。

Q 如何在“恋爱”和学习之间找到平衡？

你首先要明确优先级，学习是你现在的主要任务。你可以试试这样做：

固定学习区域

选择一个专门用于学习的地方，让大脑形成条件反射，一进入这个区域就进入学习状态。

设定学习专注时间

比如 30 分钟或 1 小时，这段时间只专心学习，把其他事情都抛开。

Q 可是感情不是我能控制的，我还是担心会分心……

没关系，你们可以先从朋友做起，慢慢了解对方。保持一定的距离，不要过于投入。你也可以和父母或老师聊聊，听听他们的建议，帮助你更好地处理这个问题。

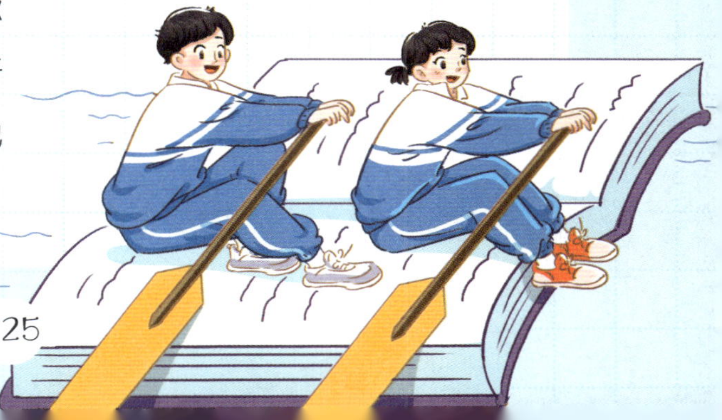

战“痘”青春：容貌焦虑毁了多少少年

每次照镜子，看到脸上那些痘痘、黑头和斑点，我就特别难过，感觉自己根本没脸见人。出门的时候，总感觉别人在偷偷看我，搞得我特别不自信。我试了好多办法，洗脸洗得特别勤，护肤品也用了一堆，可还是没有用，我真的有点崩溃了！

@李昊宇 12岁

以前我的皮肤一直很好，但是最近不知道怎么回事，皮肤突然就变成了“油田”。尤其是额头、鼻子和下巴这些地方，油脂特别多。

@张宇晨 13岁

我在网上查了好多祛痘方法，还去药店买了药膏，但用了几天后痘痘反而更红了。心情很糟糕，甚至因为痘痘的问题和妈妈吵了一架。

@林美舒 11岁

我发现自己的皮肤特别容易红肿或者长痘痘。明明没有刺激皮肤，可还是会突然就变得特别敏感。

其实，这是**激素大爆发**让你的皮肤有了“小情绪”。

青春期激素大爆发
身体启动的秘密

青春期皮肤的变化，其实是体内激素水平波动的直接反映。在青春期，我们身体里的激素（尤其是性激素）水平会升高。这种激素的“狂欢”，会让我们的身体产生一系列的变化。

性激素

睾酮（男性激素）

睾酮的激增会导致男生声音变粗、体毛增多、肌肉发达、皮肤油腻等。

雌激素（女性激素）

雌激素的增加会促使女生乳房发育、月经初潮、皮肤变化等。

生长激素

生长激素的增加促进骨骼和肌肉迅速生长，使身高和体重发生剧烈变化。

激素大爆发的核心目的是助力我们的身体从儿童向成年过渡。在这个过程中，它就像皮肤的“调度员”，通过调控皮脂分泌、毛孔大小等细节，影响皮肤的健康和外观。

激素是如何影响皮肤的？

1 激素引发的油脂旺盛

在激素作用下，皮脂腺开始分泌更多油脂。过多的油脂和角质积累可能导致毛孔扩张，使皮肤变粗糙，尤其是“T 区”。

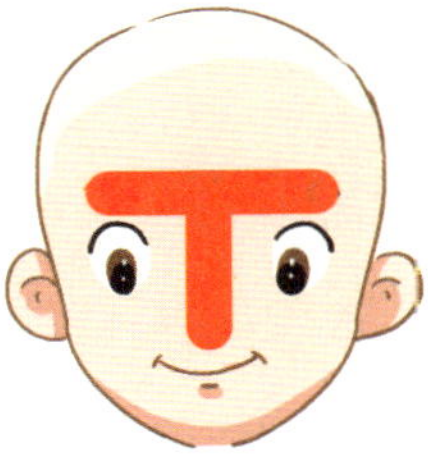

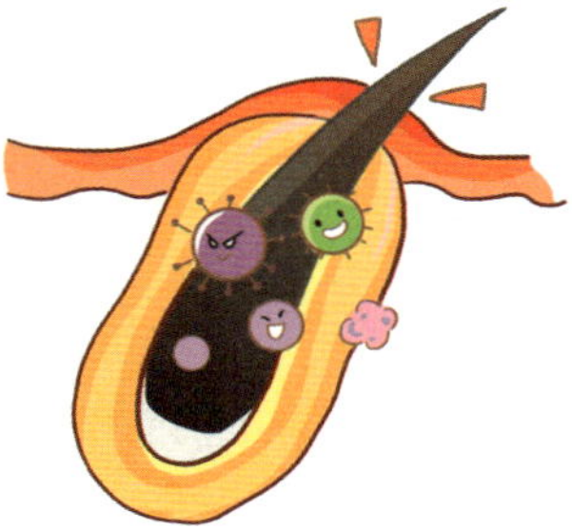

2 白头粉刺与黑头的形成过程

当毛囊的开口完全堵塞时，就会形成白头粉刺；如果毛囊开口堵得不完全，暴露在空气中的油脂被氧化，就会变成黑头。

3 痘痘的产生

堵塞的油脂是细菌的温床，痤疮丙酸杆菌在其中大量繁殖，刺激皮肤引发炎症，小痘痘便冒出来了。

青春期常见的皮肤问题

粉刺：毛囊开口完全堵塞，呈白点。

黑头：开口型粉刺，油脂氧化变黑。

丘疹：小红疙瘩，由细菌感染引起。

脓包：丘疹发展而来，带脓且炎症明显。

结节：大而坚硬，位于皮肤下，疼痛明显。

给你支妙招 一对一问答

Q 痘痘不能挤，这是真的吗？

是真的！挤痘痘不仅容易留下疤痕，还可能让细菌进入皮肤，导致感染，使痘痘更难治愈。

Q 什么方法可以改善皮肤状况？

你可以尝试这些方法：

- 保持清洁，每天早晚用温和的洁面产品洗脸，保持毛孔畅通。
- 均衡饮食，尽量避免吃太多油腻的食物和甜食，多吃水果和蔬菜。
- 适度运动，运动能促进血液循环，有助于皮肤健康。

Q 青春期选择护肤品有什么讲究吗？

控油抗痘

选含水杨酸、氨基酸等成分的抗痘产品。有助于清洁毛孔、抑制痘痘生成。

温和无刺激

青春期皮肤较为敏感，避免使用含酒精或刺激的化学成分的护肤品。

避免多重护肤

无需多种护肤品，简单的清洁、控油、保湿就可以了。

胡须烦恼：
男子汉就必须“有毛”？

最近我发现下巴上冒出了一些细细软软的胡子。我有点儿不适应，感觉周围的同学都在盯着我的胡子看，有的甚至当面打趣我：“哟，成男子汉啦，都长胡子了！”我不知道该怎么回应，只能尴尬地笑笑。

@李涵迪 13岁

变声期太尴尬了！声音忽高忽低的，还特别难听，总是被身边的人笑话，我都不敢开口了。

@马致远 14岁

我的腋下、腿上，甚至下巴都长了毛。每次洗澡时看到这些毛，我就想：“我是不是开始变成大人了？”

@胡玉轩 13岁

我发现自己的喉结变得好明显，像个小山丘。跟别人说话时，大家好像都在看它。

没错，你的身体开启了**男性第二性征**。

男性第二性征
“男子汉”的身体宣言

第二性征就是除了生殖器官外，男女在身体和外貌上的不同特点。这些特点通常是在青春期，随着身体里性激素的增加慢慢出现的，也是我们用来区分男生和女生的重要标志。男性第二性征，就是男孩在青春期出现的第二性别特征。

男性第二性征的表现

- □ 体格变化：肌肉增加，身体更强壮。
- □ 喉结突出：喉结增大，变得更明显。
- □ 声音变化：声带变宽厚，声音更低沉。
- □ 体毛生长：腋窝、阴部毛发开始生长，出现胡须。

青春期进度表（男生）

12～14岁（青春期早期）

身高和体重快速增长，睾丸发育，阴毛初现。

14～17岁（青春期中期）

出现喉结，进入变声期，腋毛、胡须出现，阴茎增大，出现遗精，生殖功能初步成熟。

17～20岁（青春期晚期）

睾丸、阴茎发育完全，胡须、腋毛浓密，肌肉发达，身高基本定型。

青春期胡须生长的多重心理探索

1 对身体发育的未知

长胡子是男生第二性征发育导致的，是进入青春期的一个明显标志。当我们看到自己身上出现这些变化时，内心会产生一种复杂的情绪，既有对成长的期待，又有对未知的紧张和不安。

2 对自我形象的关注

青春期的我们更加关注自己的身体和形象，希望能给他人留下好印象。长胡子这个突然出现的变化，让我们对自己的形象产生了怀疑。同时，同学们的调侃和关注，会让我们更加在意自己的形象，担心自己和别人不一样，或者被别人嘲笑。

3 对第二性征过度解读

受到影视作品、网络文化等影响，“男子汉”的形象成为一种刻板印象，认为长胡子才是真正的男子汉，这让我们对自己的胡子产生了过度的关注和解读。再加上青春期的情绪波动，一点儿小事可能会被无限放大，所以长胡子这件事就变得特别重要。

给你支妙招 一对一问答

Q 变声了，大家都笑话我，怎么办？

不要太在意同学们的调侃，他们只是出于好奇和好玩，时间久了就会习惯你的新声音。你也可以多练习呼吸和发声，让你的声音变得更自然。

Q 长胡子后，该怎么处理？能拔掉吗？

拔胡子可能会刺激毛囊，导致感染等皮肤问题。如果实在觉得胡子影响形象，可以用一些简单的方法来处理，比如用小剪刀修剪一下，让它看起来更整齐。

Q 身体一系列变化让我很不安，该怎么办？

- 接受变化。身体变化是成长的标志，慢慢适应这些变化就好。
- 保持耐心。变化是逐步发生的，不必着急，让它们慢慢融入你的生活。
- 了解身体知识。你可以和父母或者老师聊聊，了解更多关于青春期的知识。

月经羞耻：为什么女孩不能坦然说月经？

那天上课，我突然觉得肚子有点儿疼，还伴随着一股暖流。我心里一惊，意识到月经来了。可是，我没有带卫生巾，也不知道该怎么办。我脸色苍白，额头上冒出了冷汗。同学们投来好奇的目光。我感到非常尴尬和无助，多希望能有人帮我一把啊！

@黄莹然 12 岁

在学校，我突然发现内裤上有血迹。我非常害怕，以为自己生病了，不敢告诉老师和同学，直到回家才告诉妈妈。

@孔溪瑶 14 岁

我已经来过月经了，但几个月过去，它却没再来。我有点儿担心自己的身体是不是出了问题。

@舒慧 13 岁

我现在只穿宽松肥大的衣服。以前怎么穿都无所谓，现在却怕别人注意到胸部。

嘿，你的身体开启了**女性第二性征。**

女性第二性征
从女孩到女人的美丽蜕变

女性第二性征是指女孩在青春期出现的除生殖器官以外的性别特征，是身体发育成熟的重要标志。

女性第二性征的表现

- □ 乳房发育：乳房逐渐丰满，乳晕变大、颜色加深。
- □ 来月经：身体出现周期性子宫出血。
- □ 体毛生长：阴毛呈倒三角形分布，腋毛逐渐浓密。
- □ 体态变化：骨盆变宽，臀部脂肪堆积，形成宽臀窄腰。
- □ 皮肤与声音：皮肤细腻光滑，声音细润尖细。

青春期进度表（女生）

10～14岁
（青春期早期）

乳房开始萌发，阴毛和腋毛开始生长，身高和体重快速增长。

14～17岁
（青春期中期）

出现月经初潮，乳房继续发育，臀部变圆，阴毛和腋毛增多。

17～18岁
（青春期晚期）

月经周期逐渐规律，身高增长减缓，骨骼发育接近完成。

月经好麻烦，为什么会这样？

月经周期是由身体里的“指挥官”——下丘脑、垂体和卵巢共同调控的。

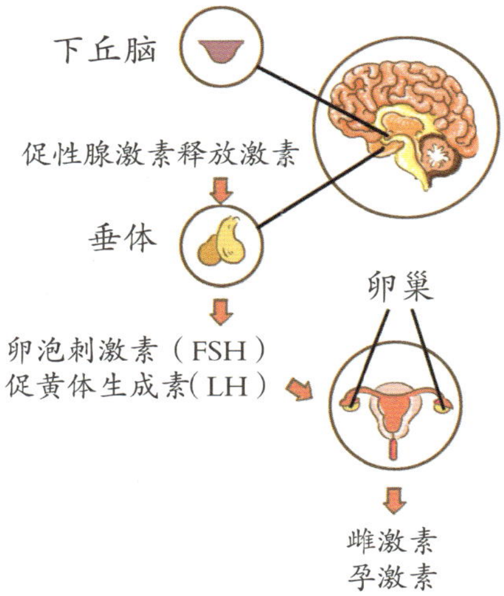

● 下丘脑发出信号，分泌促性腺激素释放激素，指挥垂体分泌两种重要的激素：卵泡刺激素（FSH）和促黄体生成素（LH）。

● 这些激素指挥卵巢分泌雌激素和孕激素。

● 在雌激素和孕激素的作用下，子宫内膜会经历周期性的变化，产生月经。

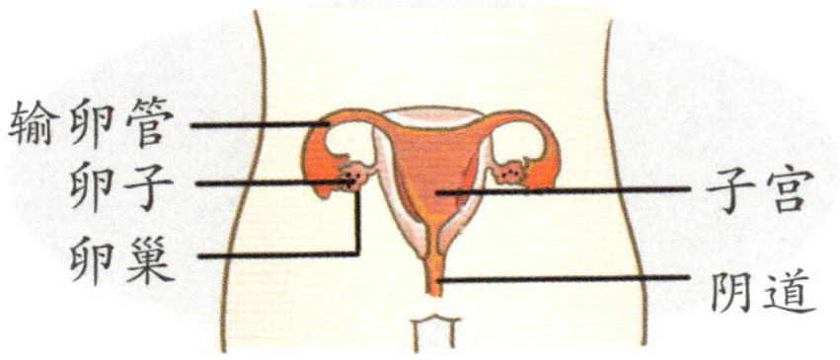

卵巢 & 子宫周期性变化

月经期（卵泡期初期）（第 1～4 天）

黄体萎缩，雌激素水平下降，子宫内膜脱落并伴随出血，形成月经。

增生期（卵泡期后期）（第 5～14 天）

卵巢里卵泡发育，分泌雌激素，子宫内膜增厚。

排卵（第 14 天左右）

卵泡成熟并破裂，释放卵子。

分泌期（黄体期）（第 15～28 天）

排卵后，卵泡的残余部分转变成黄体，并分泌雌激素和孕激素，维持子宫内膜。

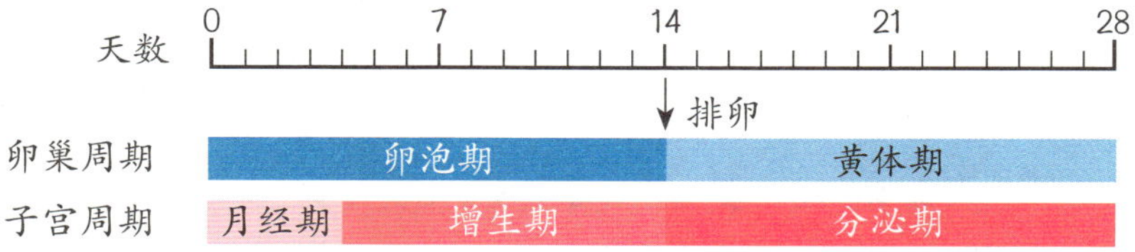

给你支妙招 一对一问答

Q 月经初潮快来了，我很紧张怎么办？

别紧张，提前做好准备：学会正确使用卫生巾或卫生棉条（可以向妈妈请教）；书包里随时准备一包卫生巾。如果在学校突然来月经也不用慌，可以找女老师帮忙，她们很有经验。

Q 为什么我的月经有时一个月来一次，有时两个月来一次？这样正常吗？

这很正常。月经初潮后，卵巢功能还在发育，通常要经过 1～2 年月经周期才会规律。一般来说，正常月经周期是 21～35 天，来月经的时间是 3～5 天。如果月经周期超过半年且不规律，或出血超过 10 天，那就不太对劲儿了，赶紧找医生看看。

Q 每次来月经都痛得死去活来，有什么办法可以缓解吗？

热敷和多喝热水：用热水袋敷小腹，多喝热水，能缓解疼痛。

放松心情：紧张会加重痛经，可以听听音乐，让自己放松下来。

吃点零食：巧克力、坚果等食物能补充能量，缓解不适。

按摩：轻轻按摩腹部和腰部，能缓解疼痛。

照镜子 = 不务正业？

少女的爱美权被谁剥夺了？

我正在对着镜子整理头发，被妈妈看到了。妈妈立刻皱起眉头说：“你看你，一天到晚就知道照镜子，能不能好好学习啊！”我觉得很委屈，我只是稍微关注一下自己的形象，怎么就成不好好学习了呢？

@ 姜颖蓉 12 岁

我从网上学穿搭、学化妆，用心搭配衣服和发型，可同学们却在背后说闲话、传我的八卦。

@ 黄瑞林 13 岁

看到运动型男生很受欢迎，我特意换了个发型，打扮得更运动阳光，却被说臭美。

@ 钱思思 11 岁

我超羡慕那些漂亮的大姐姐，便学着她们化妆，同学们却说我“太早熟”，我心里挺不是滋味的。

嘿，你这是**性别角色意识**增强了！

性别角色意识

我想要变得更好！

性别角色意识就是一个人对自己是男孩还是女孩，以及大家觉得男孩或女孩应该有什么样的行为和特点的认知。

在青春期，随着第二性征的出现，我们的性别角色意识会变得特别强烈，让我们在行为上产生很多变化。

性别角色认同

我们会更加明确自己的性别角色，也会按照社会对男孩或女孩的期待来调整自己的行为和形象。比如，男孩可能更注重力量和竞争，女孩可能更注重温柔和关怀。

性别角色的模仿

我们会模仿身边的人或影视、流行文化里的角色，来学习怎样表现自己的性别特点。比如，男孩会模仿电影里的帅气男生，女孩会模仿时尚杂志里的漂亮女生。

为什么突然在意性别，开始爱打扮了呢？

区别	♂男孩	♀女孩
性别角色认同的强化 我们开始意识到自己的性别，并通过打扮和行为来达到大家的期待。	被期待坚强、自信、独立，所以会穿得帅气，在交往中更主动。	被期待温柔、优雅，所以会精心打扮，注重发型和服饰。
社交互动中的性别表现 和别人相处时，我们会表现得更符合自己的性别。	有女孩在时，会更积极，甚至故意做出夸张的动作，展示自己。	言行举止更加优雅，积极表现自己女性的一面。
外在表现的性别化 我们通过打扮展现性别特点，吸引异性，也让朋友觉得酷或美。	穿运动风的衣服，戴酷酷的配饰。	穿时尚、鲜艳的衣服，戴精致的饰品。

给你支妙招 一对一问答

妈妈说我照镜子就是不好好学习，我该怎么解释？

妈妈也许只是担心你过度关注外貌而耽误了学习。你可以和妈妈多沟通，告诉她你只是在学习之余，花一点儿时间整理一下自己的形象，不会影响学习。

如何平衡个性打扮和学生形象？

首先，了解学校的着装规定，确保打扮符合规定。这是对学校和老师的尊重。然后，选择合适的装扮风格，基础款的衣服配上围巾、帽子这些小配饰，就很有个性。

在意异性的目光，总想引起他（她）们的关注，这正常吗？

对异性好奇、有好感，是成长的必经之路。这背后是对情感和身份的探索。所以，别害羞，保持健康的心态，尊重自己和他人，大胆去感受成长的美好吧！

异性邀约：

独处 = 危险恋爱？

班里的一个男生约我逛街，让我帮他挑选一双篮球鞋。刚听到时我有点儿小激动，可转念一想，父母肯定不会同意的。我有点儿不理解，只是一起买双鞋，这么紧张干吗？再说我又不是小孩子了，知道分寸。

@李明轩 12 岁

@张艺 14 岁

放学时，我喜欢的女生约我一起走。我既激动又忐忑：她会不会也有点儿喜欢我？别人会不会说闲话？我总觉得如果不谨慎，事情会变得很复杂。

我们是朋友，可每次她约我，父母总是不太乐意，说我们“不合适”。我们只是普通朋友，为什么会有这么多限制呢？

@王思琪 13 岁

有个男生约我周末一起去图书馆，我很想去，但既担心被父母知道，也怕他会对我有想法，非常纠结。

你开始对异性产生好感，这可能是**性意识觉醒**了！

性意识
青春期的“心动”密码

性意识就是一个人对性相关事物的感知和理解，包括对自己身体变化的认知、对异性的好感，以及对与性相关情感和行为的认知。简单来说，就是你开始意识到自己和异性之间的一些特别的感觉和变化。

青春期性意识是如何发展的？

	生理	心理	行为
异性疏远期（9～10岁）	第二性征出现，身体变化明显。	对异性产生疏远情绪，不喜欢与异性相处。	在异性面前不自在，更愿意与同性朋友在一起。
异性接近期（11～13岁）	性激素水平升高，身体发育更明显。	对异性好奇，更倾向于敬慕年长者。	对老师、长辈或明星产生崇拜和朦胧的爱慕之情。
异性眷恋期（14～17岁）	身体进一步发育。	被同龄异性强烈吸引，渴望建立情感联系。	主动与异性交往，尝试建立恋爱关系，但难以解释喜欢的原因。

为什么不能单独赴异性的约会？

1 安全防线还在加固

你还在长大，对风险感知较弱，容易低估单独赴约的潜在风险，比如遇到意外，甚至性骚扰、性侵犯等安全问题，尤其是女生更要小心。

2 自我还在升级中

青春期是认识自己的重要阶段，你还在探索自己的兴趣、性格和价值观，单独赴约可能会让你分心。感情的事情不用着急，你还有很多时间去了解自己和对方。

3 情感信号还没调试好

你对异性有好感很正常，但感情有时会让人困惑，单独赴约会让事情更复杂。比如，你以为对方只是普通朋友，但对方可能有其他想法，这可能会让你感到不适。

4 社交脚本还没写完

你还在学习怎么和人打交道，怎么和异性相处。单独赴约可能会让你感到紧张，不知道该说些什么、做些什么，要是处理不好，会很尴尬。

谨慎对待，优雅拒绝

给你支妙招 一对一问答

Q 他约了我，我觉得他人挺可靠，不想拒绝，怎么办？

记住，安全永远是第一位的。在面对异性的邀约时，一定要保持清醒的头脑，谨慎对待，保护好自己。

- 你可以邀请其他朋友同行，并选择人多的公共场所见面。
- 提前告诉家人你的行程和回家的时间，并保持手机畅通。

Q 我不想因为拒绝邀请而影响关系，该怎么办？

你可以尝试委婉地表达自己的想法，比如："我很开心你邀请我，但我最近有点儿忙，下次再一起出去吧！"或者提议一起参加集体活动，这样既能达到目的，又能保持友好关系。

Q 我拒绝了对方的单独邀约，但对方一直纠缠我，我该怎么办？

坚定地告诉对方你的态度，并警告对方不要再纠缠。如果对方仍然纠缠不休，向老师、家长寻求帮助，保护自己不受困扰。

遭遇性骚扰：

这个自救指南必看！

最近，我遇到了一件让我特别不舒服的事。我和朋友在商场挑衣服，我感到有个人在盯着我，甚至那人还会突然靠近，伸手碰我一下。我知道这肯定不对劲儿，但当时我脑袋一片混乱，心里又慌又怕，完全不知道该怎么办……

@石诗函 12岁

补习班的老师总是借机摸我的头发和肩膀，还对我说一些让我不舒服的话，我感到很困惑，不知道该不该告诉家长。

@王宇杰 14岁

在网上，有人给我发来不雅照片和骚扰信息，我感到很恶心，但不知道该怎么阻止，又不好意思和父母说。

@李遥 13岁

公交车上有人故意靠近我，还用手碰我的身体，我感到很害怕，但我不敢出声，只能默默躲开。

请严肃对待，你遇到**性骚扰**了！

性骚扰
零容忍，才能更好地保护自己！

性骚扰是指以带性暗示的言语或动作针对被骚扰对象，强迫受害者配合，使对方感到不悦。这种行为不仅让人感到不舒服，还可能对受害者的心理造成严重影响。

性骚扰的受害者往往会感到恐惧、愤怒、羞耻和无助。这些情绪反应是正常的，但如果不及时处理，可能会形成长期的心理创伤。受害者可能会出现焦虑、抑郁、失眠等症状，甚至会影响日常生活和学习。

常见的性骚扰行为

- **言语性骚扰**

  讲黄色笑话、评论你的身体、发送不雅信息等。

- **行为性骚扰**

  故意触碰你的身体、做出猥亵动作、尾随跟踪等。

- **环境性骚扰**

  在环境周围布置不雅图片、播放淫秽音像制品等。

遭遇性骚扰时，为什么你那么困惑和无助？

1 恐惧与羞耻感

遇到性骚扰时，你可能会感到羞耻和困惑，甚至怀疑自己是不是做错了什么，才会被对方关注。但请记住，被骚扰从来不是你的错。无论你穿什么、做什么，都不应该成为别人骚扰你的理由。

2 社会压力

有时，我们会听到“别太敏感，忍耐一下”或“这只是个玩笑”，但这些话其实是在淡化性骚扰的严重性。面对这些声音，你可能会怀疑自己是不是反应过度了。但请记住，你的感受和安全才是最重要的。

3 不了解自己的权利

你可能还不清楚自己在遭遇性骚扰时有哪些权利。其实，你有权要求他人尊重你的个人空间，也有权随时为自己的安全和尊严发声。这不仅是自我保护，更是对他人行为的正确引导。

『向性骚扰说“不”』

给你支妙招 一对一问答

Q

遇到性骚扰时，我该怎么做？

◎ **保持冷静**

尽量保持镇定，不要惊慌。

◎ **明确拒绝**

用坚定、清晰的语言拒绝对方。

◎ **记录细节**

尽量记下事发的时间和地点、涉及的人及事件的细节。如果可能，尽量收集证据，如录音、录像、聊天记录等。

◎ **寻求帮助**

向信任的人寻求帮助，比如家人、老师、朋友等。

◎ **报警处理**

如果性骚扰行为严重，请立即报警。报警是保护自己最有效的方式之一。

Q

如何预防性骚扰？

我们无法控制他人的行为，但能通过自我保护降低风险。比如，避免独自待在不安全的地方，注意身体边界，勇敢表达不满。

Q

我遭遇了性骚扰，但我害怕说出来会被人嘲笑，我该怎么办？

遭遇性骚扰不是你的错，你不需要感到羞耻或害怕。勇敢地寻求帮助才能保护自己，才能避免受到更大的伤害。

10 元玩具诱惑：

天上掉馅饼还是新型骗局？

最近有一款超级火的玩具，我很喜欢，但是太贵了没有买，心里一直惦记着。突然在网上看到同款玩具只要 10 元，我非常心动。但是看到要线下自取时，我又有点儿担心：“这么便宜的玩具，真的靠谱吗？我去取的话，会不会有危险？”

@陈书天 13 岁

我被拉进卖明星签名照的聊天群，对方说我侵犯明星隐私，要坐牢。我被吓到了，用父母的手机付了几次款，让他帮忙解决……

@许海安 11 岁

玩游戏时，有人在聊天大厅说可以免费送皮肤，让我加联系方式。加了后，对方让我用爸爸的银行卡和验证码操作。我意识到不对劲儿，立刻停止了。

@刘思琪 12 岁

在网上看到一套喜欢的卡牌，只要 10 元，我很心动。卖家却说未成年人不能直接转账，让我买礼品卡。我买了几千元的礼品卡，却一直没收到卡牌……

别急，先来了解一下“**风险感知**”吧！

风险感知
你的“安全雷达”工作中

风险感知就是人们对周围环境中潜在危险的察觉和评估。它就像一个“安全雷达”，帮助我们判断某个行为或情境是否安全，从而决定是靠近还是远离。

当我们面对一个看似诱人的机会时，需要考虑到它的潜在收益和风险。10 元的玩具确实很吸引人，但线下自取可能会带来一些不确定的风险，比如安全问题等。这种情况下，我们的大脑会进入一种“决策冲突”状态，一方面想抓住机会，另一方面又担心会有潜在危险。

骗局套路

虚假信息：发布虚假商品信息，吸引眼球。

低价诱惑：用超低价格吸引人下单。

诱导交易：要求私下交易、先付款后发货，绕过平台监管。

假冒伪劣：以次充好，卖假货。

钓鱼网站：伪装成正规网站，骗你输入个人信息或支付密码。

为什么你会中招“骗局套路”？

1 社会经验不足

你涉世未深，缺乏辨别是非的能力，容易相信别人的话，骗子就利用这点来行骗。比如，骗子会以“免费游戏皮肤”“解除游戏防沉迷限制”等为诱饵，诱导你转账。

2 心理特点易被利用

你好奇心强，容易冲动消费，且对网络信息的真假难以辨别。骗子就抓住这个特点，用各种花招，如虚假承诺或恐吓手段达到欺骗目的。

3 家庭监管存在漏洞

有时候，你用家长的手机或银行卡进行支付，家长注意不到，骗子就会趁机下手。

4 法律意识淡薄

你还小，不太懂什么是违法，骗子就利用这点，胁迫或利诱你参与诈骗活动，甚至成为骗子的“工具人”，让你不知不觉就上了当。

5 网络环境复杂

网络世界就像一个充满糖果和陷阱的迷宫，容易碰到骗子。有些平台管得不严，骗子更容易得逞。

给你支妙招 一对一问答

Q 骗子的套路这么厉害，怎么避免被骗呢？

别怕，只要我们保持警惕，就能轻松识破这些花招。

保持冷静

遇到特别诱人或特别吓人的事，别急着行动，先冷静下来多想想。

保护隐私

不要轻易把自己的信息告诉别人，尤其是账号、密码、验证码这些重要信息。

多问问

遇到不确定的事，多问问身边的人，尤其是家长和老师，他们经验更丰富。

Q 我发现自己可能被骗了，该怎么办？

试试这些方法：

- 联系卖家，尝试与卖家沟通，要求退款或解决问题。
- 平台投诉：如果是在平台上购买的，可以向平台投诉。
- 如果无法解决问题，可以向消费者协会或警方寻求帮助。

特别提醒

尽量选择信誉好的正规平台进行交易，避免私下交易。不要轻易相信“先付款后发货”“线下交易”等要求，尽量选择平台担保交易。保存交易记录、聊天记录和付款凭证，以备不时之需。

此刻的迷茫，

不过是夜雾，

别怕，

前方有朝阳会把路照亮！